Heinrich Jacob

Anleitung zum Jagdhornblasen

KOSMOS

Inhalt

Vorwort 5
Einleitung 7
Welches Horn? 9
Das Blasen erlernen 13
Das Horn in Wald und Feld 19
Vorbemerkung zu den Signalen 22

Die deutschen Jagdsignale 23
A. Allgemeine Signale 23
1. Das hohe Wecken 23
2. Begrüßung 24
3. Zum Essen 26
4. Blattschlagen 27
5. Jagd vorbei 27
6. Halali 28

B. Jagdleitsignale 29
7. Hegeruf 29
8. Antwort 29
9. Notruf 29
10. Das Ganze 29
11. Aufbruch zur Jagd 29
12. Anblasen des Treibens 29
13. Laut treiben 30
14. Stumm treiben 30
15. Aufmunterung zum Treiben 30
16. Halt 30
17. Treiber in den Kessel 30

18. Treiben zurück 30
19. Aufhören zu schießen 30
20. Sammeln der Jäger 31
21. Hunderuf 31
22. Wagenruf 31

Seltener benutzte Jagdsignale 32
23. Treiberwehren 32
24. Mitte 32
25. Rechter Flügel 32
26. Linker Flügel 32
27. Zusammenziehender Flügel 33
28. Ecke vor 33
29. Richtung 33
30. Sammeln der Schützen 33
31. Sammeln der Treiber 33
32. Wild ablegen 33

C. Totsignale 34
Hochwildsignale 34
33. Wisent tot 34
34. Bär tot 35
35. Elch tot 36
36. Hirsch tot 37
37. Damhirsch tot 37
38. Muffel tot 38
39. Gams tot 39
40. Sau tot 40

Niederwildsignale 41
41. Reh tot 41
42. Fuchs tot 41
43. Hase tot 42
44. Kaninchen tot 42
45. Flugwild tot 43

Das große Halali für Ventil-hörner in B 44
Hoch soll er leben 44
Auf Wiedersehen 44

Brackenjagdsignale 45
1 Aufbruch zur Jagd 45
2. Es ist angestellt 45
3. Hunde los 45
4. Wild tot 46
5. Sammeln 46
6. Hunde aufkoppeln 46

Vorwort

Das vorliegende Büchlein des 1941 verstorbenen Verfassers, Oberregierungsrat Heinrich Jacob, erschien erstmalig 1937 unter dem Titel »So blasen die Jäger«. Seine Brauchbarkeit und die ihm zuteilgewordene Anerkennung machten schnell zahlreiche weitere Auflagen notwendig.

Heute mehr denn je findet das Jagdhornblasen als Teil des jagdlichen Brauchtums und als Verständigungsmittel auf Gesellschaftsjagden bei Jägern allgemeine Anerkennung und weiteste Verbreitung. Auch haben sich in Landesjagdverbänden, die mit Ausnahme des Bayerischen Jagdverbandes im Deutschen Jagdverband (DJV) zusammengeschlossenen sind, Jagdhornbläser-Korps gebildet, die untereinander Wettbewerbe austragen. Wer das Jagdhornblasen erlernen will, findet in dem Büchlein von Heinrich Jacob eine ausgezeichnete Hilfe. Mit freundlicher Genehmigung der Erben des unvergessenen Oberforstmeisters Frevert sind dessen einprägsame Merksprüche zu den Jagdsignalen auch in die vorliegende Auflage übernommen worden. Ebenso die Auswahl der gebräuchlichsten Signale in der im Auftrag des DJV revidierten und von ihm für offiziell erklärten Form, die schon in den letzten Auflagen die Lernanleitung für Anfänger ergänzte. Entnommen sind die Signale der vom DJV herausgegebenen Gesamtausgabe aller offiziellen Jagd- und Brackenjagdsignale einschließlich der Bläserordnung, erschienen ebenfalls im Kosmos Verlag.

So möge auch diese aktuelle Auflage Jägern aller Altersgruppen das bieten, was das kleine Werk bestimmungsgemäß immer sein sollte: eine kurzgefasste, aber erschöpfende Anleitung zum Erlernen des Jagdhornblasens, die jedermann den Zugang zu diesem schönen Bereich des jagdlichen Brauchtums erleichtert.

Einleitung

Ein schöner Jagdtag ist vorüber, das letzte Treiben zu Ende. Ein goldklarer Herbstabend senkt sich auf Berg und Wald. Im kleinen Tal am abendstillen Wald kommen Schützen und Treiber zusammen. Reichlich Wild ist vorgekommen und es ist ausgezeichnet geschossen worden. Nun liegt das Wild auf der Strecke und alle sind so recht zufrieden.

Die Totsignale erklingen und die schönsten aller Jagdsignale, das feierliche »Jagd vorbei!« und das »Halali«. Im leisen Widerhall antwortet der dunkle Wald. Alles schweigt. Der Jagdherr erhebt die Hand: »Waidmannsdank, meine Herren!« Auch der raueste Geselle kann sich nicht ganz dem Zauber dieses Augenblicks verschließen. In allen klingt etwas nach von dieser Stimmung, und das wird es über das fröhliche Schüsseltreiben hinaus und noch weit in den Alltag hinein tun.

Erinnerst du dich nicht gern solcher unvergesslichen Augenblicke, lieber Waidgenosse? Möchtest du diese Momente nicht herbeiführen und wiederholen können und das auch auf *deiner* Jagd? Was war es, das diese Stimmung hervorrief und vertiefte, das nicht aus ihr wegzudenken wäre? Das Hornsignal – Gipfel und Krönung dieses Jagdtages!

Warum ist das Jagdhornblasen mit seiner Schönheit und seinem Wert über viele Jahre so vernachlässigt worden? Verrauscht sind die alten Zeiten, in denen das Horn dem Ritter so heilig und unverletzlich galt wie sein Schwert, wo ein frevelnder Griff von fremder Hand nach ihm als eine Kränkung empfunden wurde, nur mit Blut zu sühnen. Verklungen auch die Weisen Joseph von Eichendorffs, des deutschen Walddichters und Jagdhornbläsers. Zwar haben die Fürsten von Pleß in deutscher Art alten Waidwerksbrauch wieder zum Leben erweckt und in ihrem Bereich lebendig erhalten, doch eine nüchterne Zeit der Rekordschießerei hatte wohl wenig Sinn für diesen schönen Schmuck unseres Waidwerks. Selbst bei der Grünen Farbe, die diesen Schatz fast allein noch hütete, waren die Bläser lange Zeit weniger geworden. Nur einzelne Jagdherren pflegten die alte Kunst so, wie sie es verdient.

Das ist in den letzten Jahrzehnten anders geworden. Vielenorts hat man sich wieder zur praktischen Anwendung des Jagdhornblasens bekehrt, angeregt durch Jagdausbilder, die Vorsitzenden und Bläserobleute der Kreisjägerschaften oder Landesjagdverbände oder sonstige dem alten Brauchtum aufgeschlossene Jäger.

Mögen sie manche auch für etwas Belangloses halten, sie sind doch ein wahres Kleinod, das uns die Waidmänner vergangener Zeiten hinterlassen haben: die eigentlichen Jagdsignale, die Beginn und Ende der Jagd melden oder die einzelnen Jagdhandlungen einleiten, dann die verschiedenen Weisen des Totrufs. Es ist vielleicht der edelste Zug im Gemüt des deutschen Jägers, der Wunsch, das erlegte Wild zu ehren, der seinen Ausdruck findet im Verbot, über die Strecke zu treten, im Bruch auch für das Wild sowie dem »letzten Bissen«, und im Verblasen, dem letzten Gruß. Schön sind sie alle, diese Rufe, vom jubelnden »Hirsch tot!« über das neckisch frische »Fuchs tot!« bis zum »Flugwild tot!«, vom »Wecken« am frühen Morgen bis zu dem in Form und Bedeutung so angenehmen Signal »Zum Essen!«.

Und dieser ganze Reichtum besteht aus fünf Tönen, jawohl, nur aus ganzen fünf Tönen! Allein das »Wecken« hat noch einen Ton mehr. Es ist erstaunlich, wie viel musikalische Schönheit und Eigenart mit diesen fünf Tönen geschaffen wurde. Aber diese Rufe klingen nicht nur schön, besonders im Echo des Waldes, wo die miteinander harmonierenden Töne im Nachhall einen reinen Akkord aufklingen lassen und mehrstimmig wirken – sie sind auch von sehr praktischem Nutzen. Ihre Verschiedenheit und ausdrucksvolle Klarheit reden eine deutliche Sprache, die der eintönigen Hupe fehlt.

So rufe ich dich denn auf, lieber Jagdfreund, der du Freude daran hast, bereichere dein eigenes Jagderleben damit! Mache dir den Schatz unserer schönen Jagdrufe zu eigen, übe die Kunst selbst, auch wenn du in der Lage bist, dir einen hornkundigen Jagdhüter zu leisten; in alten Zeiten haben jagdfrohe Fürsten diese Kunst auch selbst geübt.

Welches Horn?

Zwei Arten von heute gebräuchlichen Jagdhörnern sind grundsätzlich zu unterscheiden, das große Parforce-Jagdhorn in D, Es oder F und das kleine Jagdhorn in B, nach seinem Schöpfer, Herzog Hans Heinrich XI. von Pleß, Fürst-Pless-Horn oder einfach Plesshorn genannt. Beide Hörner sind aus einer gemeinsamen Urform des kreisförmig gewundenen Jagdhornes entstanden, die schon am Ausgang des Mittelalters in Deutschland im Gebrauch war. Das Parforce-Jagdhorn ist ein großes, über der Schulter getragenes Horn, das etwa dem Naturwaldhorn (Waldhorn ohne Ventile) entspricht und ebenso reich an Naturtönen ist wie dieses. Sein Klang ist von wunderbarer Farbe, warm und blühend, es ist aber wegen seiner Größe und seines Gewichts (Durchmesser etwa 50 cm, Gewicht 1 bis 1½ kg) für den allgemeinen Jagdgebrauch des Waffen führenden Jägers nicht verwendbar; außerdem ist das Blasen weit schwerer zu erlernen als das des Plesshorns.

Das Plesshorn dagegen ist leicht, handlich und ebenfalls von edler Form (Gewicht etwa 500 g mit Lederbewicklung und Hornfessel).

Es entspricht nach der Bemessung (Mensur) des Schallkörpers einem Signalhorn oder einem Flügelhorn. Es wäre zu wünschen, dass alle Instrumentenbauer das Plesshorn als Flügelhorn ausführten, da dessen Klang weicher und runder ist als der des Signalhorns. Übrigens lässt sich auch ein anderes Plesshorn tonlich wesentlich dadurch veredeln, dass man ein Flügelhornmundstück an Stelle des vielfach gelieferten Signalhornmundstückes benutzt; heute werden alle Jagdhörner in B mit trichterförmigem Kessel (Flügelhornmundstück) geliefert. Auch der Anfänger, der sich ein neues Horn bestellt, kann gleich ein Flügelhornmundstück wählen. Wenn es auch in der Höhe ein klein wenig schwerer anspricht als das Signalhornmundstück, so ist der Unterschied doch so gering, dass die Anschaffung eines zweiten Mundstückes lediglich für den Anfang nicht lohnt. Das Flügelhornmundstück soll einen trichterförmigen Kessel mit ziemlich weiter Bohrung haben, ähnlich dem Waldhornmundstück.

Neben dem Plesshorn war im Gebrauch das »Volpersdorfer Taschenhorn« in B nach Forstmeister Schulz, ein kleines, leichtes Horn von etwa 300 g Gewicht. Es ist zwar nicht so voll und weittragend im Ton wie das Plesshorn, hat aber den Vorzug, dass es wegen seiner Größe und Leichtigkeit ständig in der Tasche mitgeführt werden kann, was z.B. bei der Schweißarbeit im dichten Holz von Wert ist, wo das größere, frei an der Fessel getragene Horn hindert und leicht verbeult wird.

Für das Blasen allein oder als einziger Bläser auf einer Gesellschaftsjagd stand dem Jäger noch ein anderes Horn zur Verfügung, das Geßnersche Taschenhorn in F. Es ist nicht viel größer und schwerer (435 g) als das Taschenhorn in B. Manche Jäger werden die um vier Töne tiefere Tonlage als die angenehmere empfinden. Als erstes Horn, das sich der Jäger anschafft, wähle er jedoch ein Plesshorn in B, denn wir dürfen unser Ziel nicht aus den Augen lassen: *die allgemeine und möglichst weite Verbreitung der alten edlen Kunst des Jagdhornblasens.* Nun sind Tausende von Plesshörnern in B im Gebrauch und eine demgegenüber sehr geringe Zahl von Hörnern anderer Stimmung. Es bleibt nichts anderes übrig, als uns mit dieser Tatsache abzufinden und uns danach zu richten; denn Jagdhörner werden allermeist zu mehreren auf Gesellschaftsjagden gebraucht. Hierfür ist die *Gleichheit der Stimmung unbedingtes Erfordernis,* sonst ist es vorbei mit der poesievollen Klangschönheit, die wir erstreben. Ganz abzuraten ist von den Hörnern in C, wie sie für andere Zwecke angeboten werden. Werden Hörner in B und C zusammen geblasen, so gibt's Katzenmusik.

Die beiden schlesischen Taschenhörner hatten die längliche Form eines Signalhornes. Neben diesen steht aber dem Jäger ein Taschenhorn zur Verfügung, das die klassische kreisrunde Form des Jagdhornes hat und dabei so erstaunlich klein und zierlich ist, dass es die helle Freude des Jägers erweckt, das sogenannte »Taschenhorn«. Es wiegt etwa 250 g. Sein größter Windungsdurchmesser ist 10½ cm. Es lässt sich also bequem in der Rocktasche unterbringen. Im Preis stellt es sich etwas billiger als ein Plesshorn. Dabei steht das kleine Horn in der gleichen B-Stimmung wie das Plesshorn. Es handelt sich hierbei nicht etwa um eine neue Erfindung, sondern um ein ehrwürdiges altes Horn, dessen Wiedererweckung wir Professor *Clewing* verdanken, der es in der staatlichen Sammlung alter Musikinstrumente in Berlin entdeckt hat. Ein in jeder Hinsicht gleichwertiger Ersatz für das Plesshorn ist jedoch ein Taschenhorn (Preis ab rund 120 EUR) nicht, da sein Ton nicht so weit trägt wie der des Plesshorns.

Aber selbst unter den Plesshörnern in B ist leider nicht immer genaue Gleichstimmung vorhanden. Es gibt ältere Hörner, die auf

einen Ton abgestimmt sind, der zwischen dem b und h der heutigen »Normalstimmung« der Orchesterinstrumente liegt. Auch neue Hörner sind zuweilen nach dem sachkundigen Wunsch des Bestellers in höherer Stimmung hergestellt worden. Wenn auch der Unterschied zwischen diesen Stimmungen so gering ist, dass ihn der einzelne Bläser nicht wahrnimmt, so ist er doch groß genug, um das Zusammenspiel von Hörnern verschiedener Stimmung zu einer wahren Ohrenmarter zu machen.
Wir müssen auch hier auf unbedingte Stimmengleichheit der Hörner achten und uns demzufolge für eine der beiden Stimmungen entscheiden. Die Tatsache, dass heute die meisten Plesshörner in der tiefen Stimmung hergestellt werden, nimmt uns an sich schon jeden Zweifel, welche Stimmung wir wählen sollen: die tiefere. Hierzu kommt noch Folgendes: Schafft sich ein Jäger ein neues Horn in der tieferen Stimmung an und stellt er fest, dass es mit dem alten Horn eines Waidgenossen nicht übereinstimmt, so wäre es unvorteilhaft, wenn er sein neues Horn dem älteren anpassen ließe. Das Tiefer-Stimmen eines Hornes ist nämlich vergleichsweise leicht auszuführen durch Anlöten eines kurzen Zwischenstücks am Mundrohr oder am Mundstück oder durch Einsetzen eines sog. Aufsteckstiftes. Das Höherstimmen (Verkürzen des Rohres) ist schwieriger durch das notwendige Abbiegen und Abschneiden des Rohres, Ablöten der Mundrohrhülse usw. Wer also ein neues Horn in gleicher Stimmung mit dem seines Jagdfreundes haben will und diesem die Kosten für die Abänderung nicht zumuten kann, der trage selbst die geringen Kosten für den anderen. Er spart dabei Geld und behält sein Horn in der richtigen Stimmung. Das alte Horn wird durch die Abänderung keineswegs verunstaltet. Der Sicherheit halber gebe der Jäger bei der Bestellung an: Plesshorn in B mit Stimmzug.

Der Jäger wähle nur ein Horn guter Herkunft. Es ist ab ungefähr 170 EUR erhältlich, umwickelt und mit Tragriemen, höherwertige Fürst-Pless-Hörner ganz besonderer Herkunft mit Stimmzug kosten zwischen 300 und 700 EUR. Eine Umwicklung ist durchaus vorteilhaft. Sie ist angenehmer im Griff als Metall, besonders bei Kälte, sie verringert das Blenden des blanken Hornes und das Klappern beim Anstoßen, und – man sieht die Beulen nicht so sehr, die sich doch nicht ganz vermeiden lassen. Einen schädlichen Einfluss auf den Ton hat die Bewicklung, früher meist aus Leder, heute aus grünem Kunstleder, nicht.

Das Blasen erlernen

Wer keine Gelegenheit hat, an einem Lehrgang teilzunehmen, braucht auf das Erlernen des Blasens nicht zu verzichten. Er kann es sich auch im eigenen Bemühen aneignen.

Was gehört nun alles zum Erlernen des Jagdhornblasens? Gute Vorderzähne[1], eine richtige Anleitung und – Geduld. Musikalisches Gehör? Nicht unbedingt notwendig! Ich kannte einen Forstmann, der auf den kaiserlichen Jagden die Signale blies und der mir versicherte, gänzlich unmusikalisch zu sein; trotzdem blies er. So mancher Jäger hat eine zu geringe Meinung von seinem musikalischen Gehör. Er glaubt, weil er kein Instrument spielen kann, weil ihm ein modernes Musikstück nichts sagt, habe er kein musikalisches Gehör. Wem ein einfaches Volkslied, von jungen Stimmen sauber gesungen, Freude macht, wem ein schneidiger Marsch oder ein

[1] Ein guter Ersatz tut's auch. Man kann zur Not aus dem Mundwinkel blasen.

schmissiger Walzer in die Glieder fährt, der hat auch musikalisches Gehör, mindestens so viel, wie er zum Erlernen der Jagdsignale braucht, es ist nur nicht entwickelt.

Freilich ist aller Anfang schwer, besonders beim Blasen, aber eben nur der Anfang, darum gleich frisch an die Arbeit!

Zuerst eine kleine Vorübung ohne Horn: Tief durch den Mund einatmen! Lege die Zungenspitze zwischen die Zähne an den unteren Rand der Oberzähne, mache die Lippen schmal und die Wangen straff, aber nicht aufgeblasen (so blasen nur die Posaunenengel auf Bildern, aber keine richtigen Bläser). Nun zieh die Zunge plötzlich zurück und stoße dabei die gepresste Luft durch die straff und schmal gehaltenen Lippen, als ob du »tüh« sagen oder richtiger: flüstern wolltest, denn der Vokal »ü« darf dabei nicht laut hörbar sein. Den gepressten Luftstrahl halte gleich einige Zeit gleichmäßig aus. Vielleicht wird dir der Vorgang noch klarer, wenn du dir vorstellst, dass du einen Kekskrümel, der dir auf die Lippen geraten ist, wegpusten willst. Übe das zunächst einige Minuten.

Greifst du nun zum Horn, dann achte darauf, dass du alles von Anfang an richtig machst. Die Körperhaltung gerade, Kopf hoch, das Horn mit der rechten Hand an den Mund gesetzt, den Schallbecher (Stürze) nach oben und leicht nach rechts geneigt. Der rechte Oberarm soll etwas abgewinkelt sein, damit die obere Lunge frei wird. Die linke Hand wird in die Hüfte gestützt. Das Mundstück muss in der Seitenrichtung genau auf die Mundmitte gesetzt werden. Übe deshalb und zur Prüfung der Körperhaltung zuerst vor dem Spiegel. Achte hierbei auch darauf, dass du dir beim Blasen keine Gesichtsverzerrungen (Stirnrunzeln u. dergl.) angewöhnst. Setze das Mundstück so, dass es etwas mehr auf die Unter- als auf die Oberlippe zu liegen kommt. Es darf aber nicht zu fest angedrückt werden, sonst sperrt man das Blut von den innerhalb des Mundstückkessels gelegenen Lippenteilen ab, und die Lippen ermüden schnell. Nun versuche das »tüh« in das Horn zu blasen oder richtiger: zu stoßen, wie du es vorher geübt hast.

Versuche es immer wieder, bis ein voller Ton kommt. Der Anstoß muss scharf und knackig sein. Weicher Anstoß bei einem Jagdsignal macht einen schlappen Eindruck. Achte darauf, dass keine Luft seitlich des Mundstücks entweicht. Hast du einen Ton, so versuche gleich, ihn mit straffen Lippen möglichst lange auszuhalten. Das Aushalten von Tönen ist auch weiterhin zu üben.

Welcher von den fünf Tönen zuerst kommt, ist zunächst gleichgültig. Kommt beim nächsten Ansetzen ein anderer Ton, so macht das nichts aus. Halte dann diesen fest. Die Hauptsache ist, dass du zunächst dahinterkommst, wie überhaupt ein Ton gebildet wird.

Ist der erste Ton richtig da, so ist der Bläser stolz auf den Erfolg und bläst fleißig weiter, bis er rot und blau wird im Gesicht. Die Anstrengung wird immer größer, und schließlich bekommt er mit aller Gewalt keinen Ton mehr heraus. Woran fehlt's? Nicht an der Puste, mit der allein ist es nicht geschafft. Es fehlt an der Kraft der Lippenmuskeln, die für längeres Blasen nicht genügend kräftig sind und sich erst ausbilden müssen. Blaskunst ist Lippenkraft! Also musst du üben, üben, üben! Aber nicht stundenlang, das hat keinen Zweck und macht nur Kopfschmerzen. In der ersten Zeit nie länger üben als fünf Minuten hintereinander! Diese Regel kann dem Lernenden nicht genug eingeschärft werden. Ihre Nichtbeachtung hat schon manchem Jäger gleich am Anfang das Blasenlernen verleidet. Diese fünf Minuten übe zunächst nur einige Male am Tage, schon aus Rücksicht auf die Hausgenossen, in deren Achtung und Liebe man in dieser Zeit nicht eben steigt.

Kehr dich aber nicht darum, wenn auch der Hund jammert und dein Partner schimpft. Übe im Anfang nicht am frühen Morgen,

da bläst es sich am schwersten, auch nicht bei Kälte im Freien, da dies leicht eine Erkältung zur Folge hat. Vermeide auch, unmittelbar nach anstrengendem Blasen kalt zu trinken.
Es werden in den ersten Tagen zwar viele Töne aus dem Horn kommen, die dir und anderen nicht gefallen. Nach kurzer Zeit schon aber bessert sich der Ton, und du darfst deinen Hausgenossen nun auch längeres Üben zumuten. Suche aber beim Üben nie, mit Gewalt einen Ton herauszupressen.
Wenn die Lippen müde sind, höre auf und mache eine längere Pause. Massieren der Muskeln um den Mund herum hilft auch. Versuche auch zuweilen, leise zu blasen. Das ist schwerer und übt besser als das Lautblasen. Auf der Jagd selbst müssen die Töne jedoch frisch und kräftig herauskommen.
Wichtig ist, gleich am Anfang die richtige Art des Atmens zu üben. Hast du ein längeres Signal zu blasen, so wirst du besonders am Anfang dazwischen Atem holen müssen. Das soll stets durch den Mund, nie durch die Nase erfolgen. Du darfst auch nicht etwa durch das Horn Luft holen, sondern nur durch die zu beiden Seiten des Mundstücks geöffneten Lippen, ohne das Horn abzusetzen.
In den Pausen zwischen den Übungen und nach Beendigung des Blasens ist das Wasser, das sich durch Niederschlag des in der Atemluft enthaltenen Wasserdampfes im Rohr bildet, abzugießen. Hierzu ist stets das Mundstück abzunehmen. Man warte nicht erst, bis es im Horn brodelt. Wasser im Horn macht den Ton unangenehm und erschwert auch die Tonbildung.
Die ersten fünf Töne, die sogenannten Naturtöne des Plesshornes, heißen

$$c^1, g^1, c^2, e^2, g^2;$$

so heißen sie, aber sie klingen einen Ton tiefer, da das Horn in B steht, d. h. die Note c^1 hat den Ton b. Willst du die Töne auf dem Klavier spielen, so musst du, vorausgesetzt, dass das Klavier richtig stimmt, was meist nicht der Fall ist, b, f^1, b^1, d^1, f^2 anschlagen. Im Übrigen wird dir die Kenntnis dieser Benennungen ebenso wie die der Noten zwar das Lernen erleichtern, unbedingt notwendig ist sie aber nicht.

Als erster Ton wird meistens das mittlere g^1 (f^1) gelingen. Kommt dieser Ton einigermaßen gut, dann öffne den Lippenspalt etwas mehr, und es kommt das tiefere c^1. Hast du dieses sicher, dann versuche die höheren Töne c^2, e^2. *Je höher der Ton sein soll, desto enger muss der Lippenspalt, desto straffer gespannt müssen die Lippen sein.* Mit dem hohen g^2 wirst du zunächst noch Schwierigkeiten haben. Warte geduldig: Auch dieser Ton kommt mit der Zeit. Versuche aber nicht, ihn mit gewaltsamem Druck zu erreichen; das wäre falsch. Geht es mal im Anfang auf der Jagd nicht anders als mit starkem Druck, so schadet das nichts, nur darf es nicht zur Gewohnheit werden.

Wenn die unteren vier Töne bis zum e^2 einigermaßen sauber kommen – es kommt nicht immer gleich der gewünschte, man muss hinauf- oder herunter »klettern« –, dann versuche ein leichtes Signal. Kennt der Jäger keine Noten, so lasse er sich die einzelnen Signale von einem Notenkundigen so lange vorpfeifen oder auf einem Instrument vorspielen, bis er sie seinem Gedächtnis eingeprägt hat. Auch sind Schallplatten und Tonbänder mit den Signalen im Handel zu haben. Am besten merkt man sich die Signale, wenn man sie mit den beigefügten Texten, die von Oberforstmeister Walter Frevert sehr einprägsam gefasst und inzwischen allgemein bekannt geworden sind, singen lernt.

Im Folgenden sind die wesentlichsten Signale zunächst nach dem Grade ihrer Schwierigkeit angegeben:

Das Ganze (Nr. 10), Halt (Nr. 16), Hegeruf (Nr.7), Antwort (Nr. 8), Treiber in den Kessel (Nr. 17), Aufbruch zur Jagd (Nr. 11), Aufhören zu schießen (Abblasen des Treibens) (Nr. 19), Hase tot (Nr. 43), Kaninchen tot (Nr. 44), Jagd vorbei (Nr. 5), Langsam treiben (Beginn des Treibens, nachdem die Schützen angestellt sind oder der Kessel geschlossen ist) (Nr. 12).

Allmählich sind zum ersten Male zwei Töne zu binden, d. h. der erste Ton ist in den zweiten hinüberzuziehen, der zweite ist also nicht besonders anzustoßen (durch einen Bogen bezeichnet).

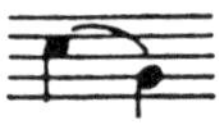

Das Abwärtsbinden von dem höheren nach dem tieferen Ton ist leicht, das Aufwärtsbinden dagegen schwer und muss besonders geübt werden. Solange es dir am Anfang Schwierigkeiten macht, insbesondere am Schluss der Totrufe, wo über einen dazwischenliegenden Ton, der stumm bleiben muss, hinweg zwei Töne zu binden sind, blase ruhig die Töne einzeln angestoßen! Als letzte übe die Signale mit dem hohen g^2. Lasse auch zunächst die langen Signale aus dem Spiele, wie »Wecken«, »Begrüßung«, »Flugwild tot!«, »Sau tot!«, »Zum Essen!«. Schwerer zu blasen wegen des raschen Aufwärtsbindens ist das »Sammeln der Treiber«, ebenso, besonders wegen des raschen Zeitmaßes, das »Fuchs tot!«. Die richtige Atemeinteilung, um auch ein längeres Signal durchhalten zu können, kommt erst allmählich.

Kommen die Töne c^1, g^1, c^2, e^2 sicher, was bei täglichem Üben in ein bis zwei Wochen der Fall sein wird, dann erst übe das hohe g^2. Hierbei ist nochmals darauf hinzuweisen, dass es nicht gewaltsam gequetscht wird, also nicht durch hohen Luftdruck, sondern durch möglichst kleinen Lippenspalt bei besonders straff gehaltenen Lippen gebildet wird. Wer bei den ersten Versuchen, das g^2 zu blasen, verzweifeln will, dem sei zum Trost gesagt, dass er es mit Geduld und Zeit dahin bringen wird, sogar das hohe c^3, also noch vier Töne höher als das g^2, herauszubringen, das aber bei den gewöhnlichen Signalen nicht benötigt wird. Der höchste Ton bei diesen ist das a^2 über dem hohen g^2 beim »Wecken«, das aber, wenn das g^2 sitzt, nicht schwer ist.

Blase auf einer Jagd nur das, was du gut kannst, damit du nicht dem Gelächter der Waidgenossen verfällst.

Das Horn in Wald und Feld

Der Jäger trägt das Horn nach uraltem Brauch an der rechten Seite. Dies ist auch für den heutigen Jagdgebrauch das Richtige, da man das Gewehr links trägt und das links getragene Horn beim unachtsamen Überwerfen des Gewehres mit dem Riemen über die linke Schulter leicht Beulen bekäme, die zwar dem Ton meist nicht schaden, aber nicht gut aussehen. Tunlichst hängt das Horn auf oder hinter der rechten Hüfte, sodass die Stürze (Schallöffnung) nach unten weist; von dort ist das Horn auch leicht zum Mund zu führen.

Bläst der Jäger das erste Mal im Freien, so wird er feststellen, dass das, was zu Hause tadellos geklappt hat, nicht recht gehen will. Auch bei wärmerem Wetter wird der Ansatz zuerst schwer sein. Besonders das tiefe c^1 versagt zuweilen. Die frische Luft macht die Lippen trocken. Bei kühlem Wetter ist das Blasen noch schwerer, das kalte Mundstück lähmt die Lippen. Bei Frost nun gar werden die Lippen am Mundstück hängenbleiben, daher sollte man das Mundstück in die Tasche stecken.

Jeder Bläser wird die Erfahrung machen, dass das Metallmundstück den besten Ton gibt. Außerdem leitet bei warmem Wetter

das Metallmundstück die Wärme der Lippen gut ab, was durchaus erwünscht ist.
Willst du im Freien üben oder dich des schönen Klanges erfreuen, so kannst du das, ohne befürchten zu müssen, Wild zu vergrämen. Im Übrigen ist die Sorge, dass die Signale das Wild vergrämen, nur in Ausnahmefällen begründet. Treiberlärm und Schießen stören weit mehr. Bläst der Jäger gelegentlich auch in der stillen Zeit im Revier, so wird das Wild umso mehr daran gewöhnt.
Hast du einen Waidgenossen oder Mitpächter, der auch Jagdhornbläser ist, dann kannst du viele Signale mit ihm zweistimmig blasen[2]. Das „Halali“ z. B. klingt zweistimmig sehr gut. Voneinander entfernte Jäger mit Horn können sich auch im Waldrevier leicht gegenseitig „heranblasen“.
Der als Hornbläser bekannte Jäger wird zuweilen in die Lage kommen, für einen anderen einspringen und auf einem fremden Horn blasen zu müssen. Für solchen Fall nehme er stets wenigstens das eigene Mundstück mit, erstens, weil man mit diesem am besten bläst, zweitens aus gesundheitlichen Gründen. Die Gefahr einer Ansteckung ist beim Blasen auf einem fremden Mundstück vorhanden, und selbst wenn kein weiterer Schaden entsteht als ein leichter Ausschlag am Mund, so ist dies schon unangenehm ge-

[1] Bei gemeinsamem Blasen auf der Jagd oder aus besonderem Anlass stehen die Jäger, nach altem Brauch in gegrätschter Beinstellung, in Reihe. Die Hörner werden mit der Stürze auf den rechten Oberschenkel gesetzt und gleichzeitig angehoben. Die Hornfessel ist dabei eingewickelt. Die linke Hand am Gewehrriemen. – Über diese und alle anderen jagdlichen Sitten und Gebräuche findet der Jäger ausführliche Belehrung in dem vorzüglichen Buch »Jagdliches Brauchtum« von Oberforstmeister Walter Frevert, Verlag Paul Parey, sowie in der DJV-Vorschrift für das Jagdhornblasen, das in den Bücherschatz jedes Waidmannes gehört.

nug. Berufsmusiker, also Fachleute, sind hierin meist sehr eigen, sie haben ihre Erfahrung. Geht es mal nicht anders, muss man auf einem fremden Mundstück blasen, so wische man es vorher und nachher sorgfältig ab.

Hierbei sei gleich das Notwendige über die Pflege des Hornes gesagt. Der Rat, dass man das Horn nicht zu blank putzen solle, hat seinen guten Grund: Das Horn soll nicht blenden und das Wild vergrämen. So blind kann das Metall aber nicht werden, dass es überhaupt nicht mehr blendet. Wer ein blankes Horn liebt, drehe es auf dem Stande mehr nach dem Rücken. Auf jeden Fall aber ist das Metallmundstück gründlich mit einem Putzmittel abzureiben, damit sich nicht giftiger Grünspan ansetzt. Sehr bequem sind gebrauchsfertig käufliche Silberputzlappen.

Bist du nun ein zünftiger Bläser geworden und macht dir das Blasen über Erwarten Freude, wohnt neben deiner Jägerseele noch eine Musikantenseele in deiner Brust, dann regt sich wohl der Wunsch, auch mal mehr zu blasen als nur Signale – eine Melodie oder ein Jägerlied. Das kannst du auf dem einfachen Jagdhorn nicht. Dazu gehört ein Plesshorn mit drei Ventilen, das, abgesehen von der runden Jagdhornform, einem Flügelhorn oder einem Kornett des Blasorchesters entspricht.

Das erste Ventil, mit dem rechten Zeigefinger zu greifen, vertieft jeden der Naturtöne c^1, g^1, c^1, e^1, g^1, c^3 um einen ganzen Ton, das zweite Ventil, mit dem Mittelfinger zu greifen, um einen halben Ton, das dritte Ventil, mit dem Ringfinger zu greifen, um anderthalb Töne. Mit diesen drei Ventilen, einzeln, zu zweit oder dritt zusammengenommen, erhält man die vollständige chromatische Tonleiter über zweieinhalb Oktaven. Auf diesem Ventilhorn kann man dieselben Notenfolgen und Melodien blasen wie auf einer Ventiltrompete oder einem Kornett.

Vorbemerkung zu den Signalen

Um eine einheitliche Tempoauffassung bei allen Bläsergruppen zu fördern, sind bei allen Jagdsignalen die Metronomzahlen angegeben. Das vorgeschlagene Tempo ist nicht absolut verbindlich, sondern soll nur als Anhaltspunkt für den Vortrag gewertet werden. Jeder Gruppe steht frei, ein bis drei Metronomeinstellungen langsamer oder schneller zu blasen.

Die deutschen Jagdsignale

A. Allgemeine Signale

1.* Das hohe Wecken

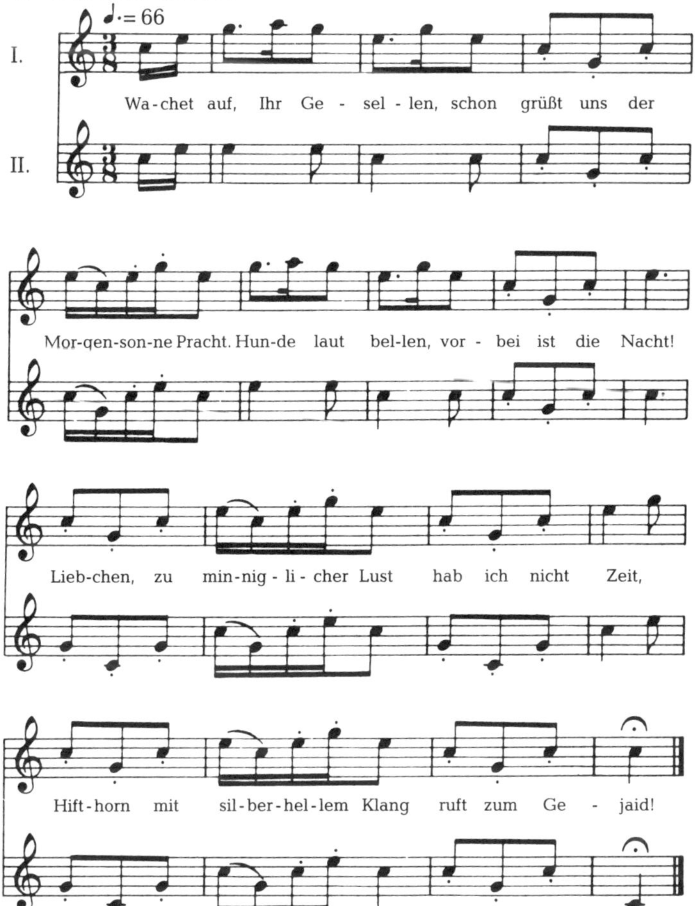

* Die Numerierung entspricht der Numerierung des DJV in seinem offiziellen Signalbuch.

2. Begrüßung

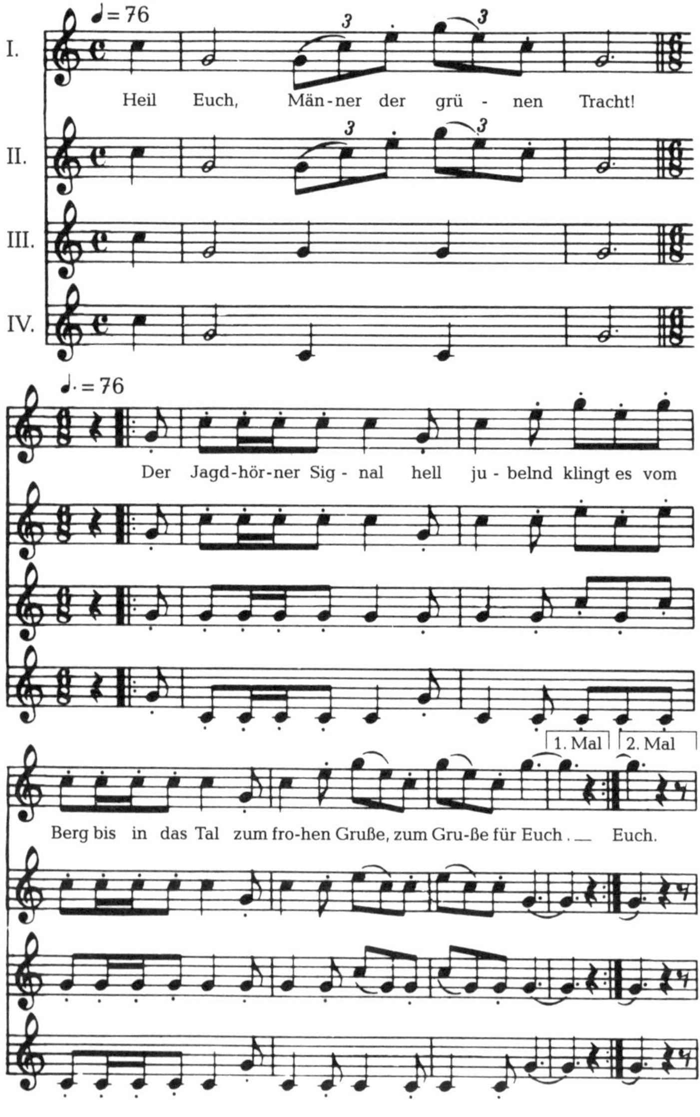

♩= 76
I.
II.
III.
IV.
Heil Euch, Män-ner der grü - nen Tracht!
♩. = 76
Der Jagd-hör-ner Sig - nal hell ju - belnd klingt es vom
1. Mal
2. Mal
Berg bis in das Tal zum fro-hen Gruße, zum Gru-ße für Euch. — Euch.

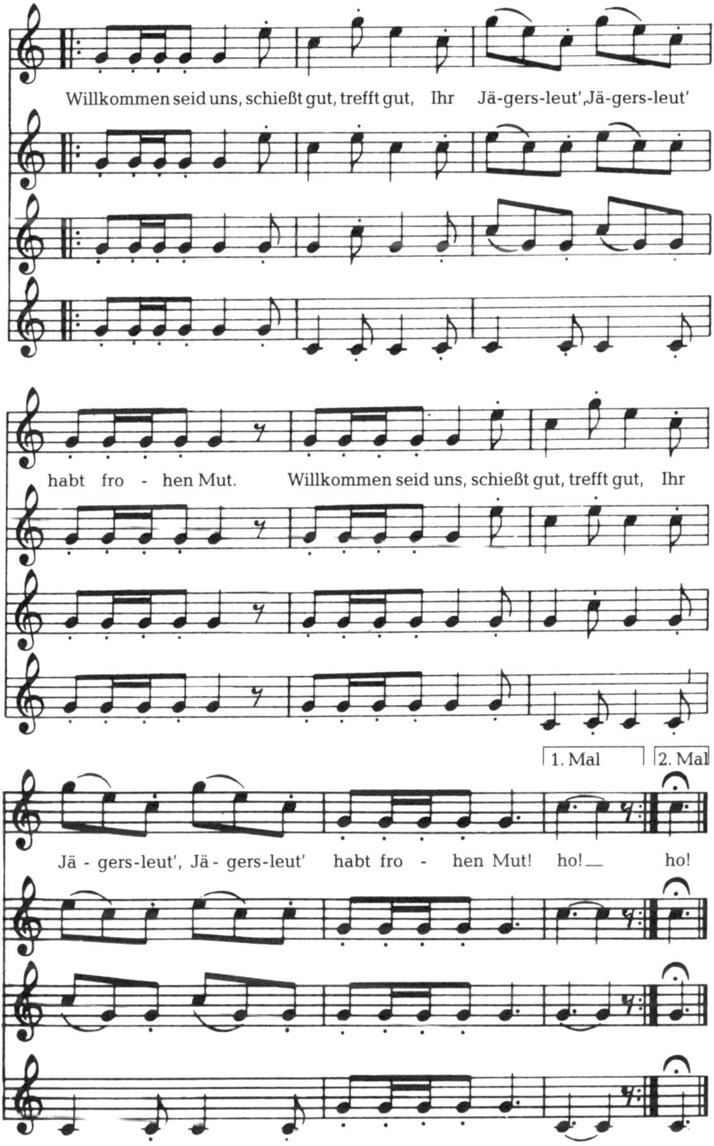
Willkommen seid uns, schießt gut, trefft gut, Ihr Jä-gers-leut',Jä-gers-leut'
habt fro - hen Mut. Willkommen seid uns, schießt gut, trefft gut, Ihr
1. Mal
2. Mal
Jä - gers-leut', Jä - gers-leut' habt fro - hen Mut! ho! ho!

3. Zum Essen

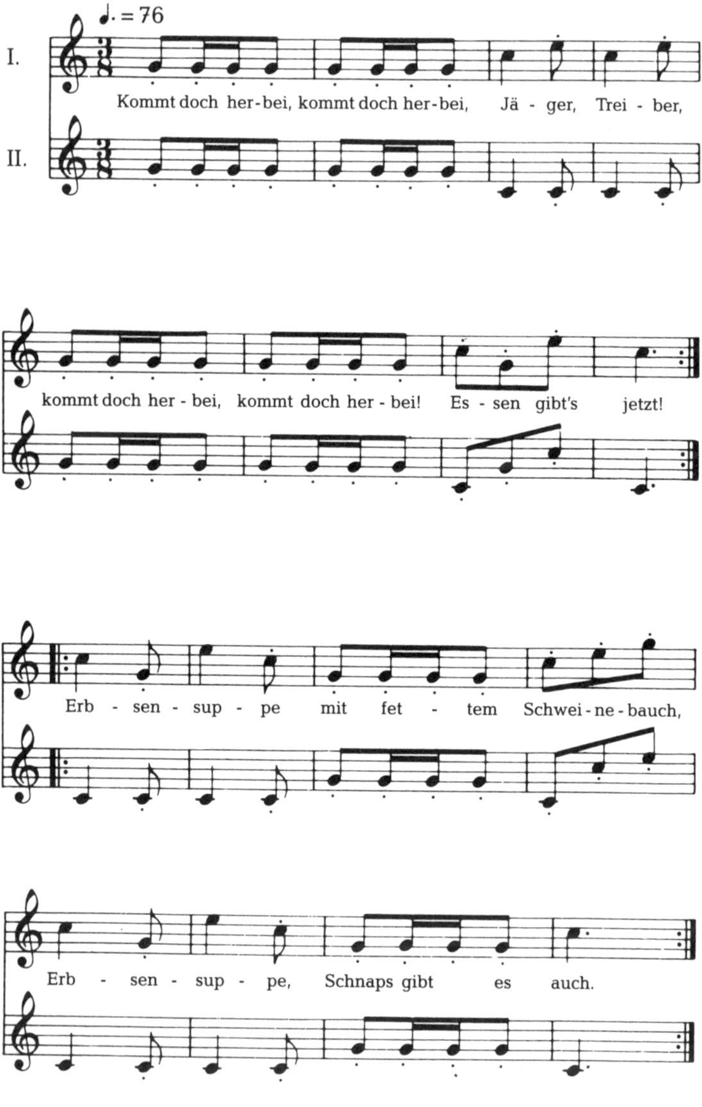
♩. = 76
I.
II.
Kommt doch her-bei, kommt doch her-bei, Jä - ger, Trei - ber,
kommt doch her - bei, kommt doch her - bei! Es - sen gibt's jetzt!
Erb - sen - sup - pe mit fet - tem Schwei - ne - bauch,
Erb - sen - sup - pe, Schnaps gibt es auch.

4. Blattschlagen

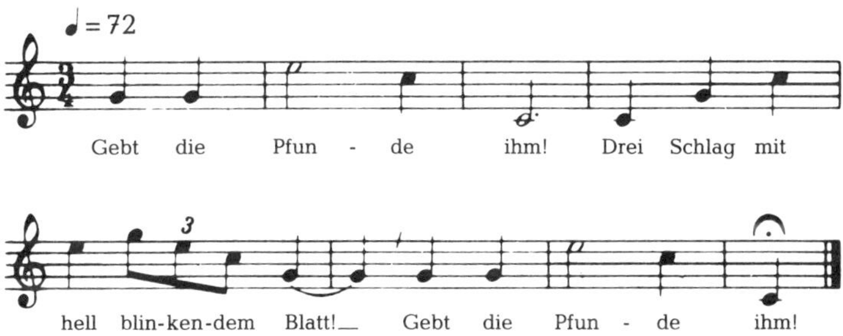

5. Jagd vorbei

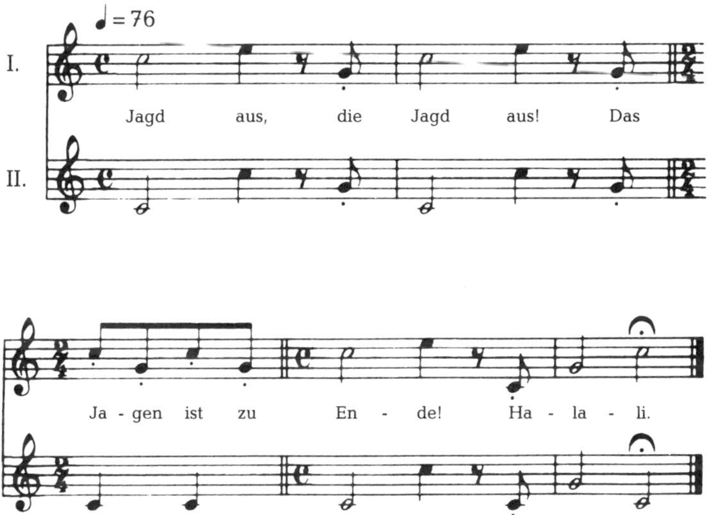

6. Halali

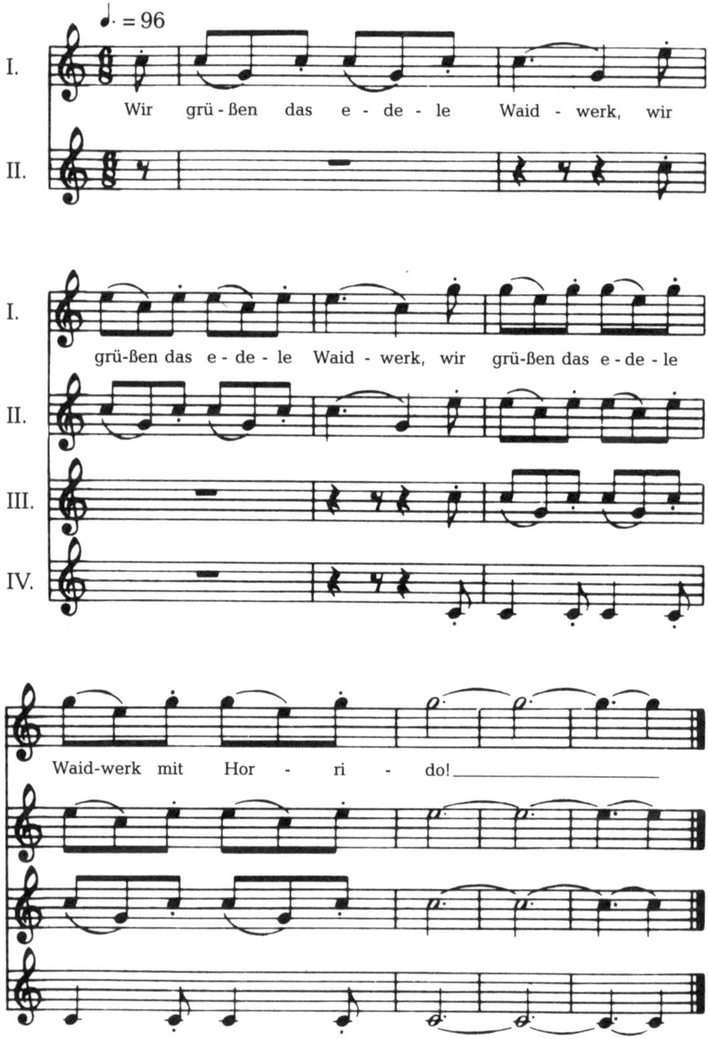

♩. = 96
I.
Wir grü - ßen das e - de - le Waid - werk, wir
II.
I.
grü-ßen das e - de - le Waid - werk, wir grü-ßen das e - de - le
II.
III.
IV.
Waid-werk mit Hor - ri - do!

B. Jagdleitsignale

7. Hegeruf

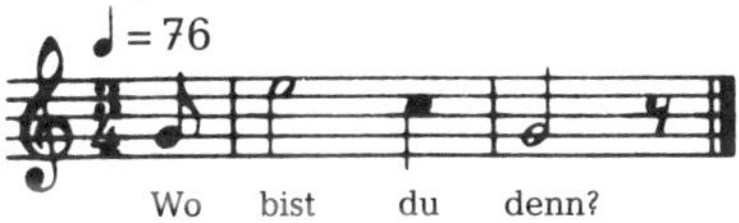

8. Antwort

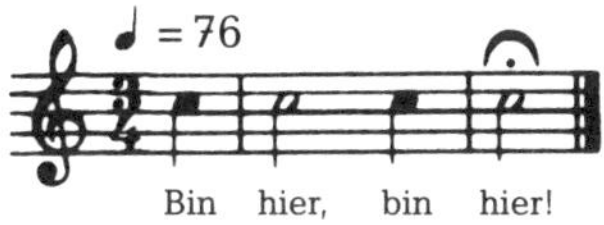

9. Notruf

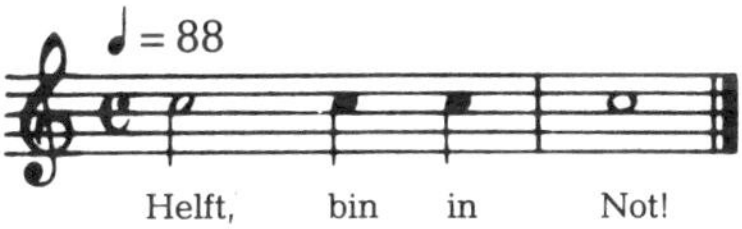

10. Das Ganze

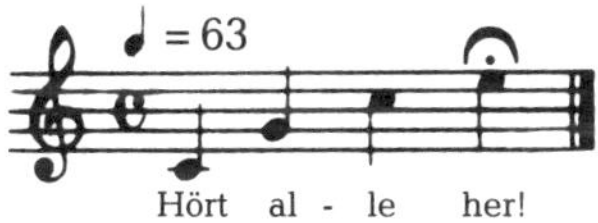

11. Aufbruch zur Jagd

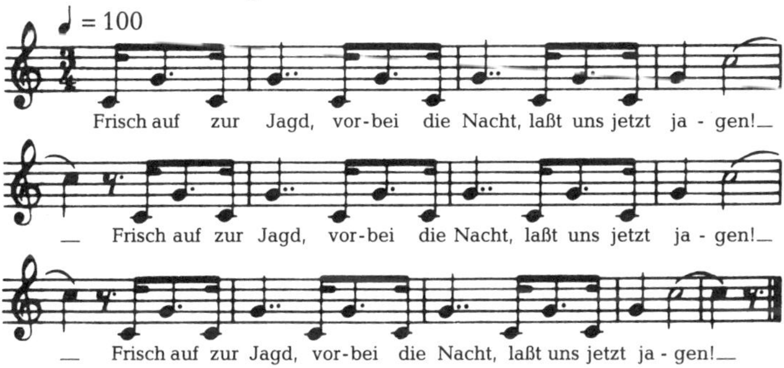

12. Anblasen des Treibens („Das Ganze" wird vorausgeblasen)

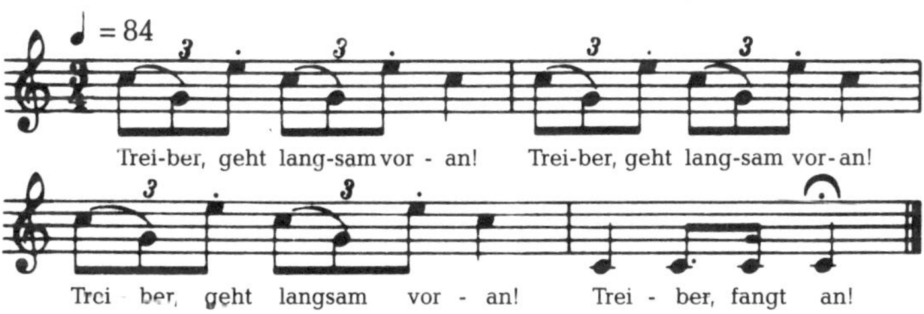

13. Laut treiben

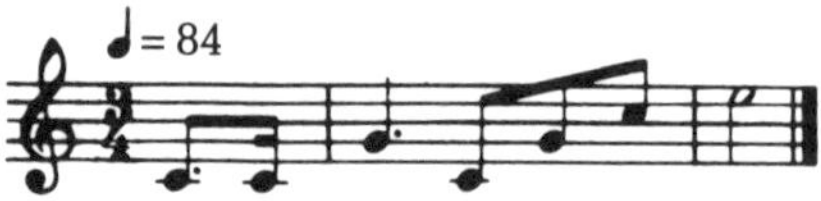

14. Stumm treiben

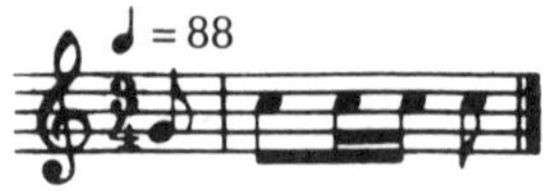

15. Aufmunterung zum Treiben

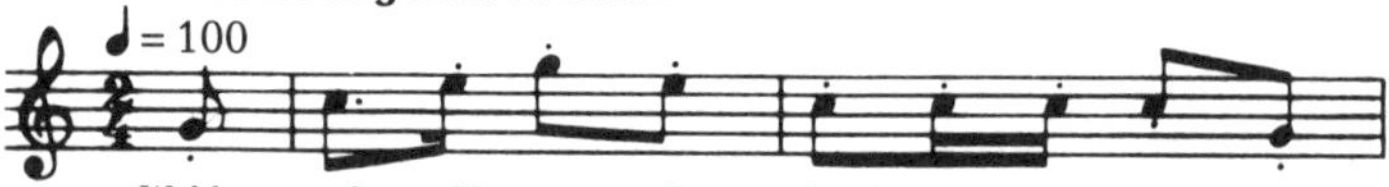

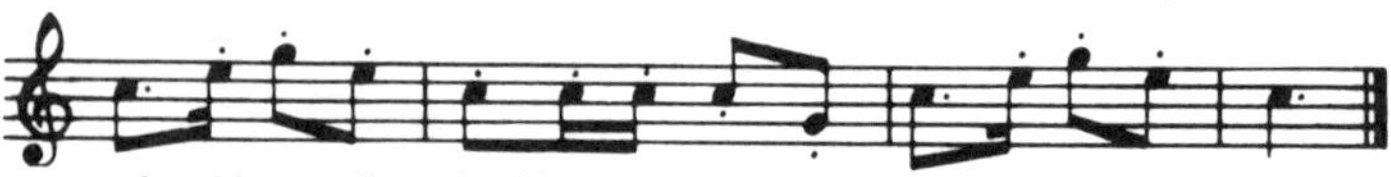

16. Halt

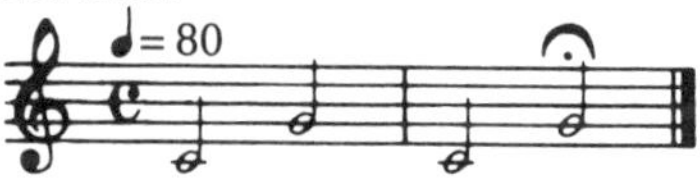

17. Treiber in den Kessel

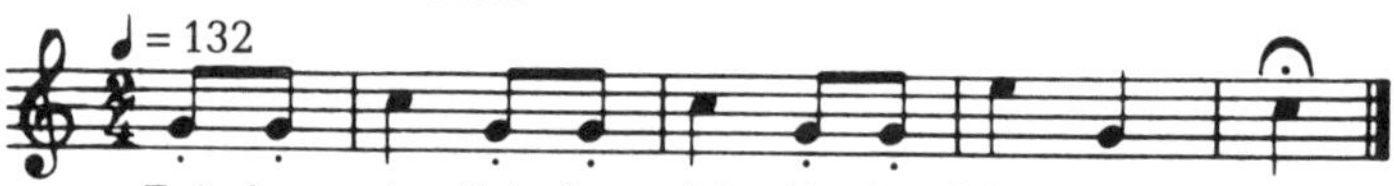

18. Treiben zurück („Das Ganze" wird vorausgeblasen)

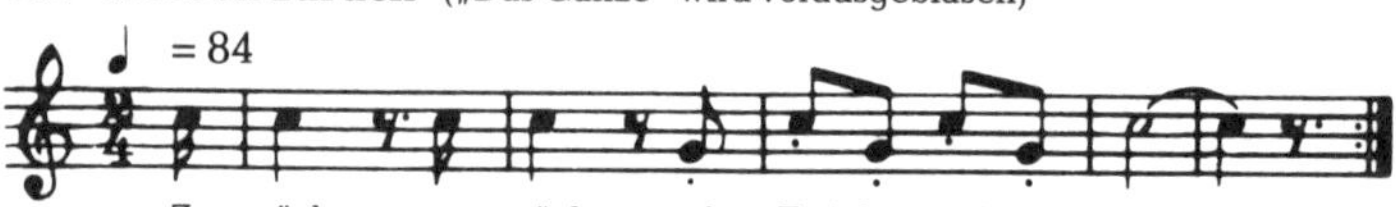

19. Aufhören zu schießen (Abblasen des Treibens)

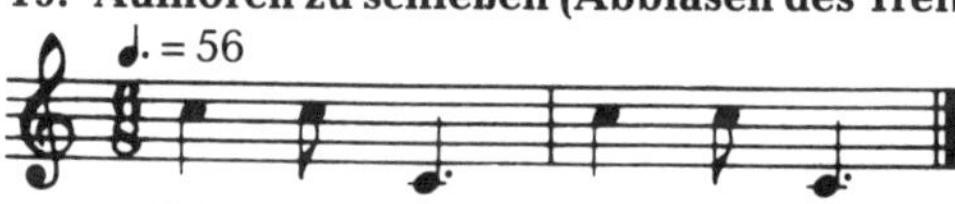

20. Sammeln der Jäger

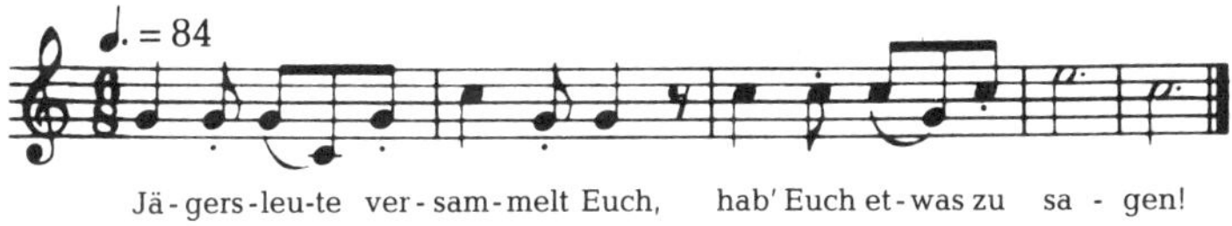

21. Hunderuf

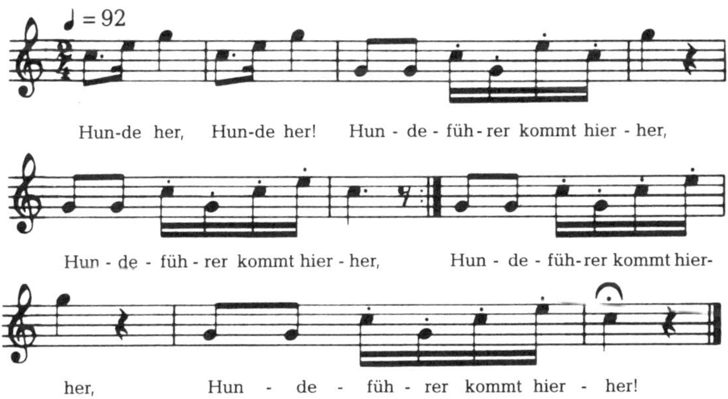

22. Wagenruf

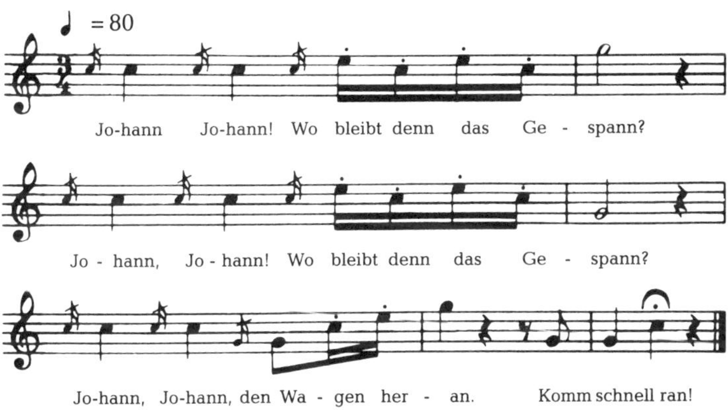

Seltener benutzte Jagdsignale

23. Treiberwehren

1. Treiberwehr ♩ = 168

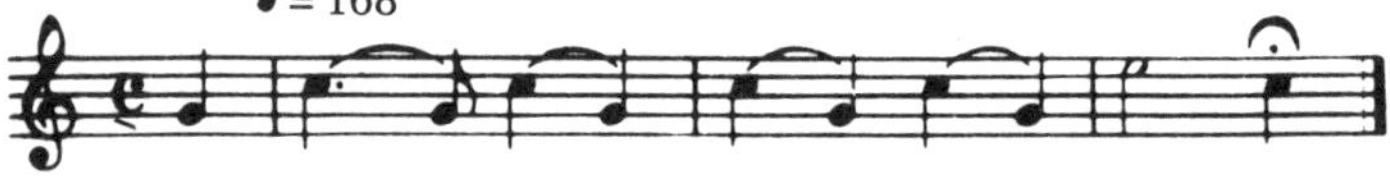

2. Treiberwehr ♩ = 168

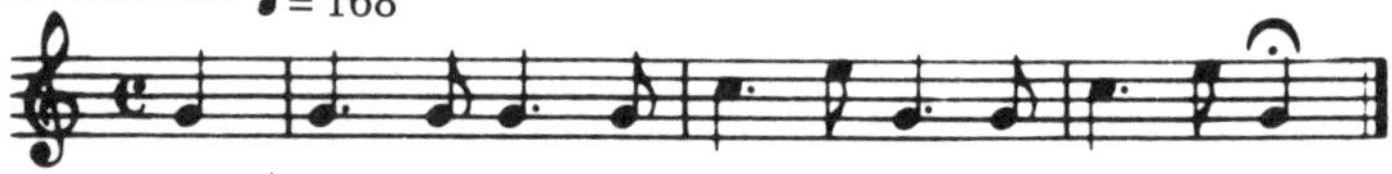

3. Treiberwehr ♩ = 88

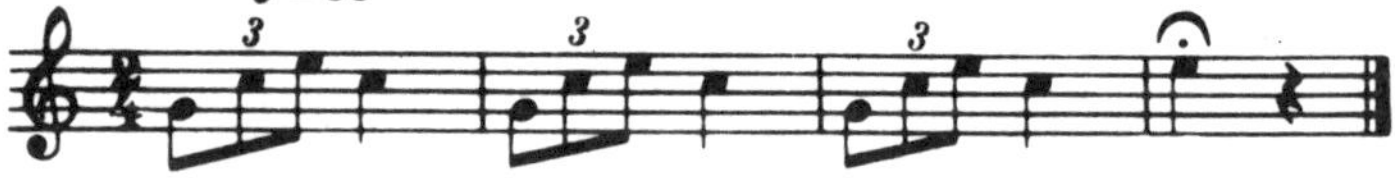

4. Treiberwehr ♩ = 168

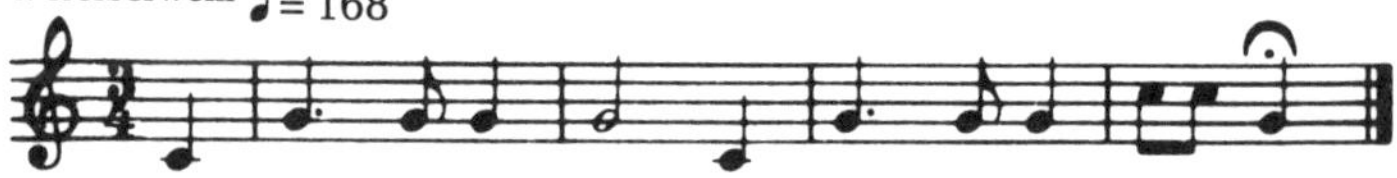

24. Mitte

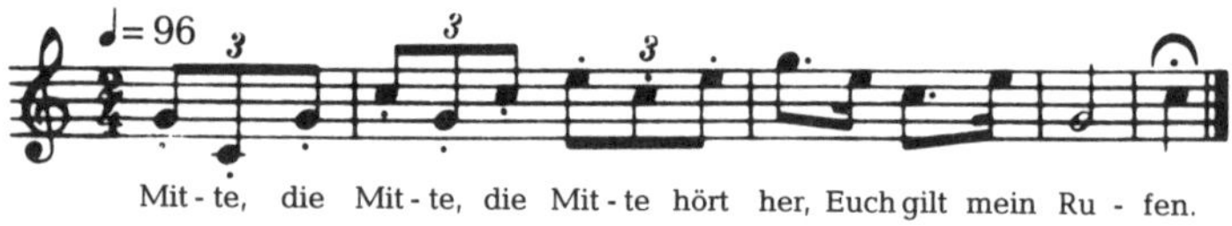

25. Rechter Flügel

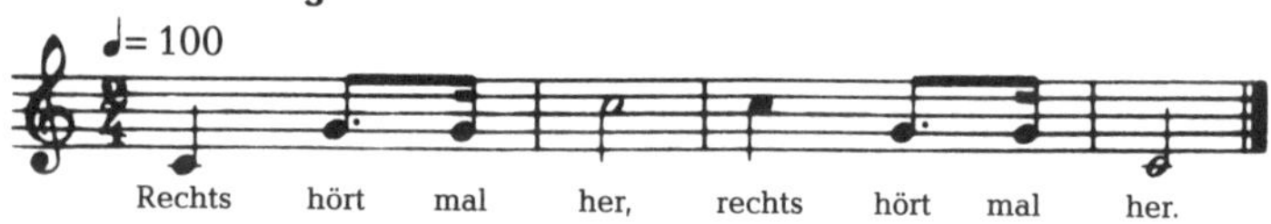

26. Linker Flügel

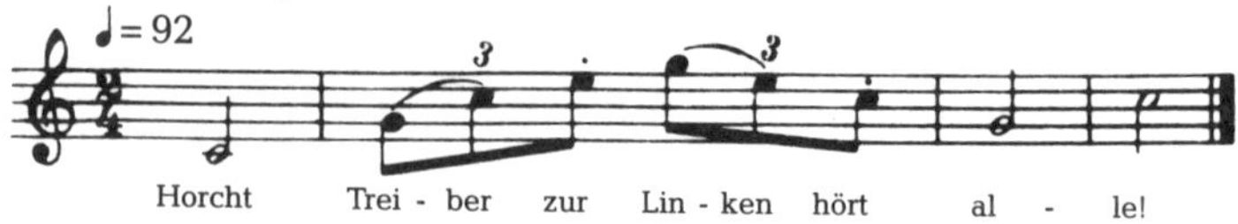

27. Zusammenziehen der Flügel

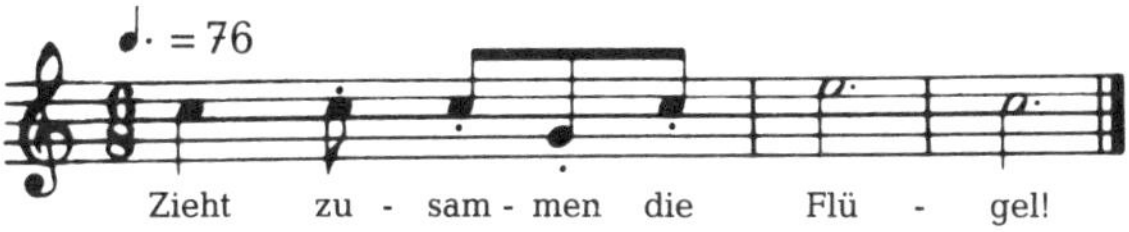

28. Ecke vor (jeweils zusammen mit Nr. 25 oder 26)

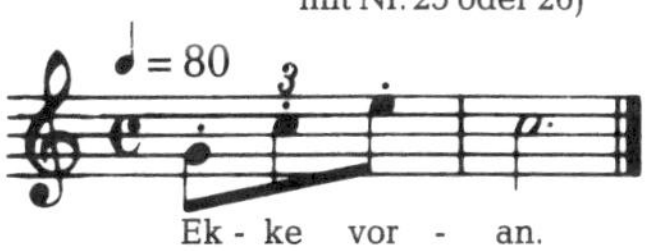

29. Richtung

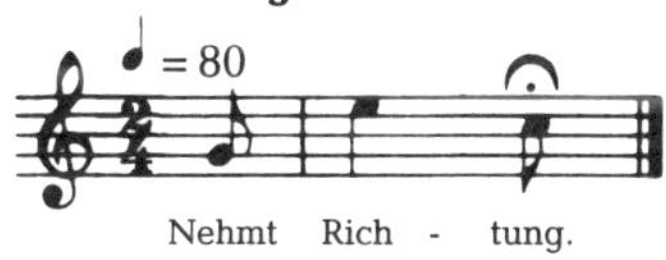

30. Sammeln der Schützen

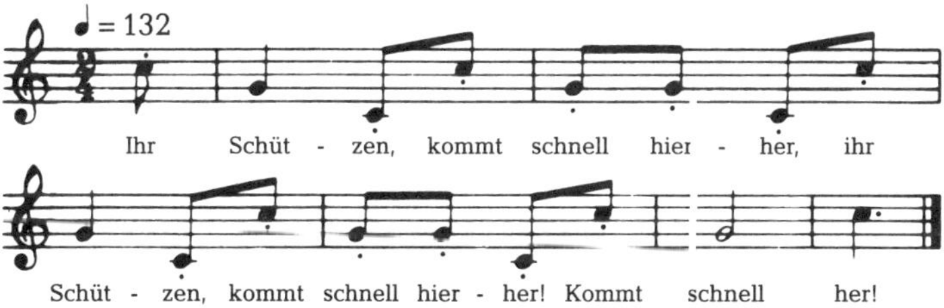

31. Sammeln der Treiber

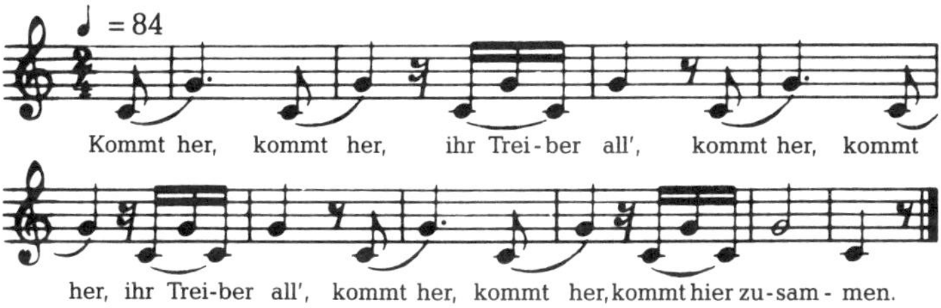

32. Wildablegen

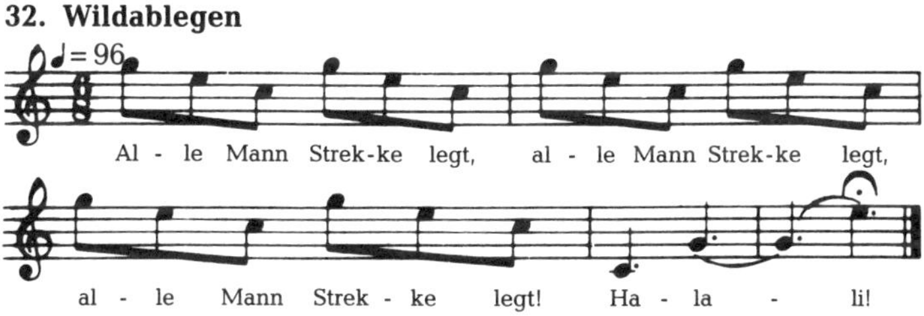

C. Totsignale

Hochwildsignale

33. Wisent tot

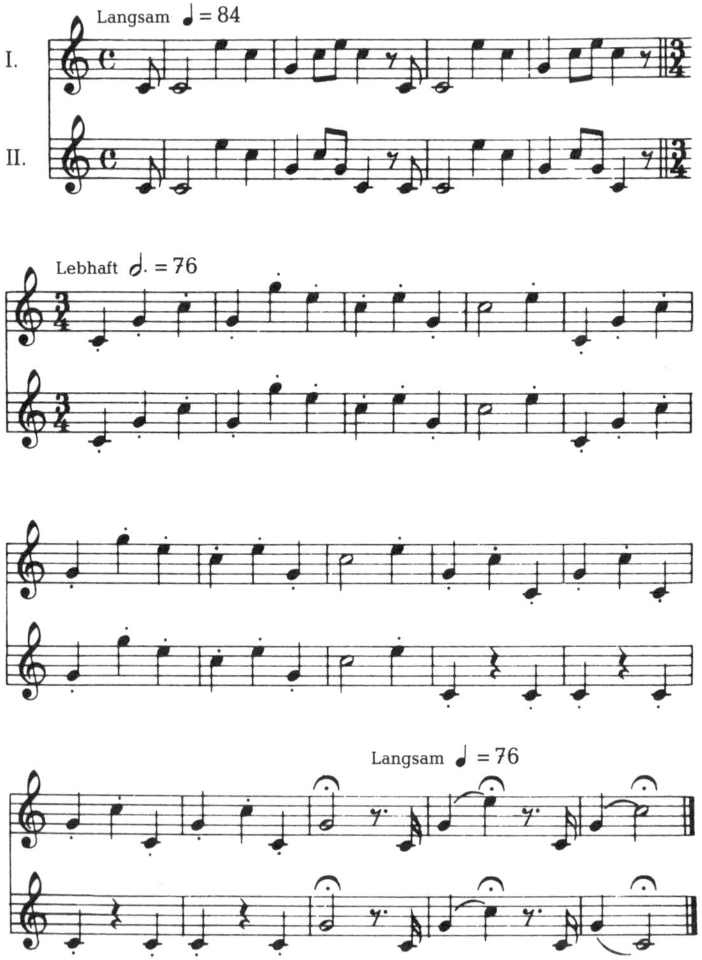

34. Bär tot

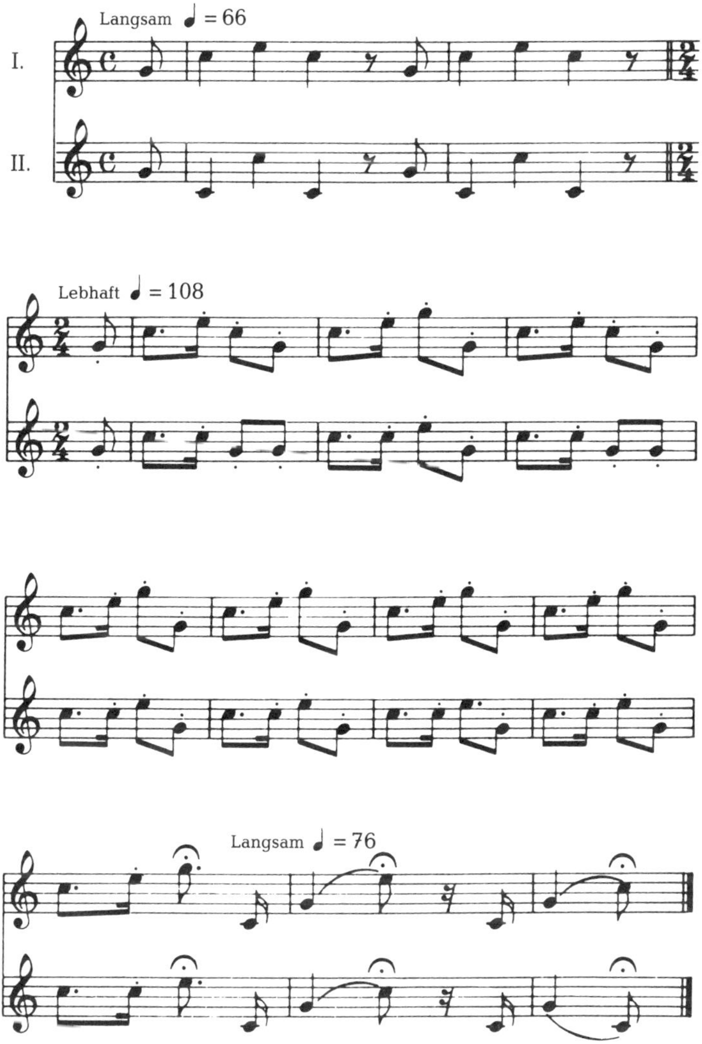

35. Elch tot

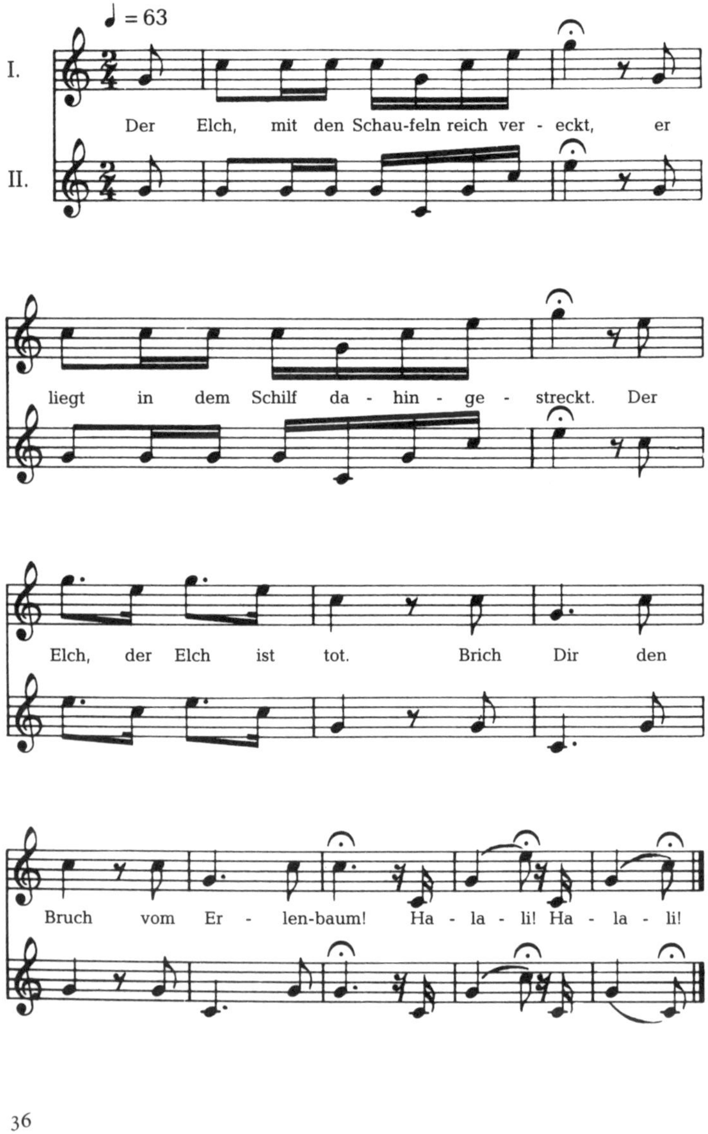
♩ = 63
I.
II.
Der Elch, mit den Schau-feln reich ver - eckt, er
liegt in dem Schilf da - hin - ge - streckt. Der
Elch, der Elch ist tot. Brich Dir den
Bruch vom Er - len-baum! Ha - la - li! Ha - la - li!

36. Hirsch tot

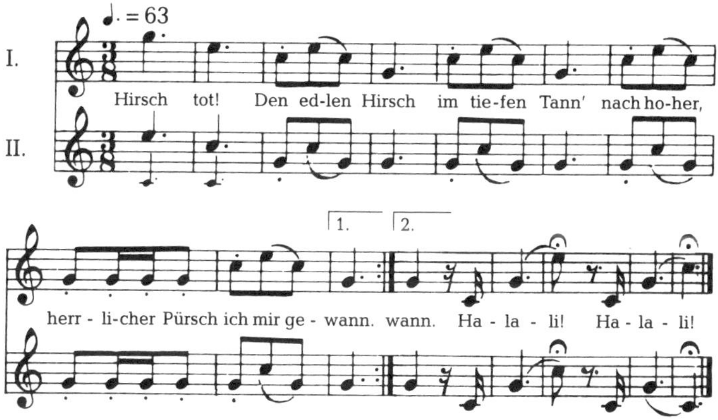

37. Damhirsch tot

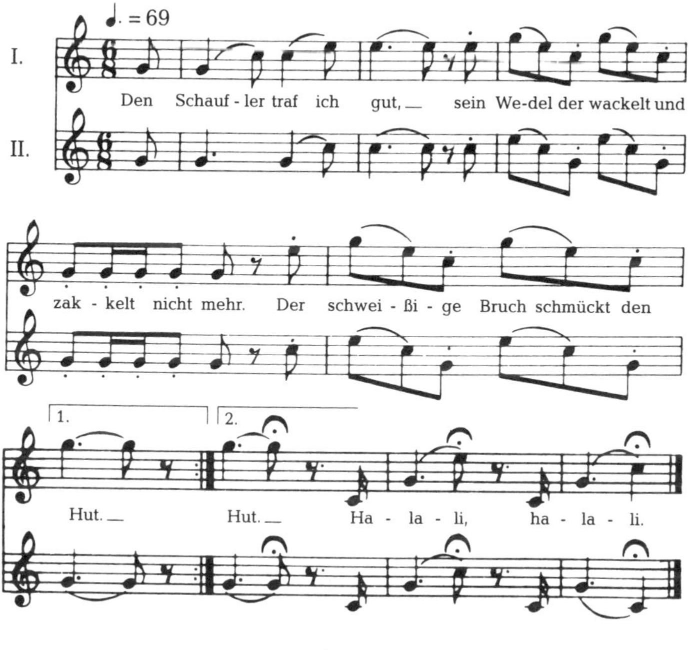

38. Muffel tot

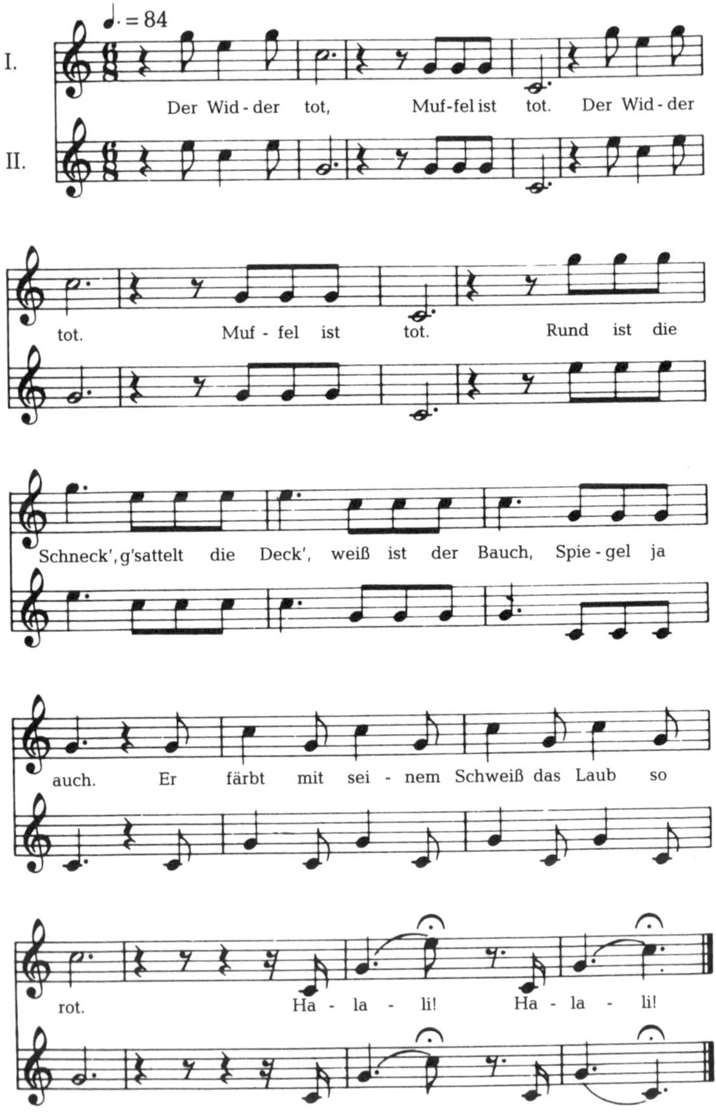

39. Gams tot

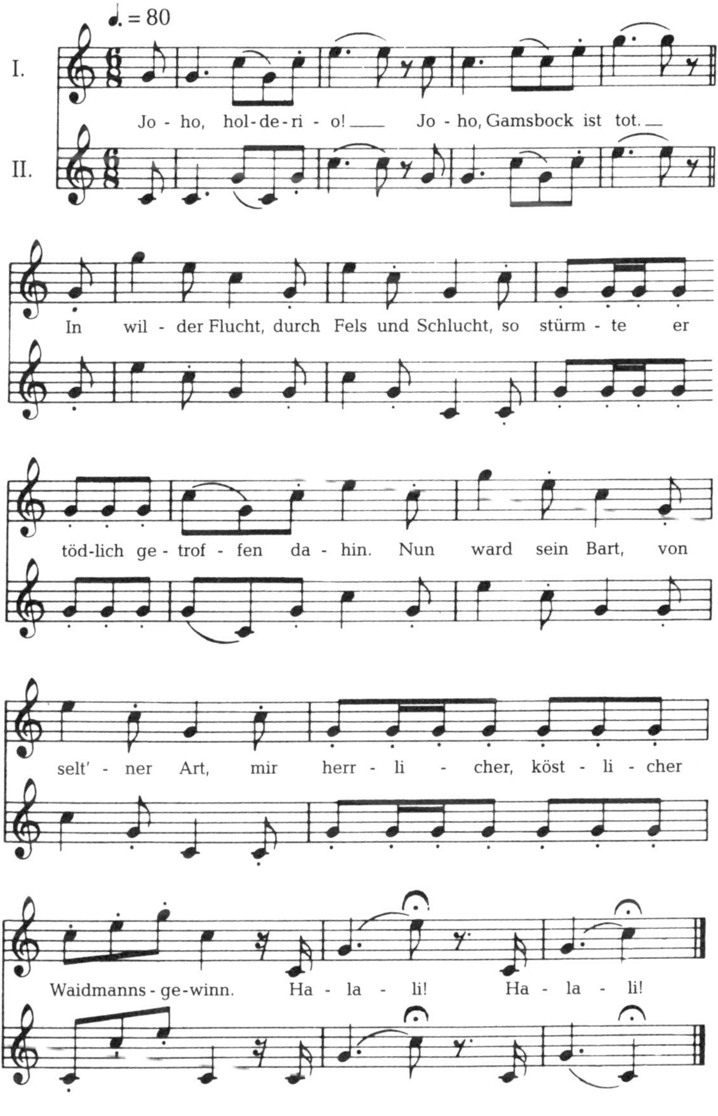
I.
II.
Jo - ho, hol-de-ri - o! Jo - ho, Gamsbock ist tot.
In wil - der Flucht, durch Fels und Schlucht, so stürm - te er
töd-lich ge - trof - fen da - hin. Nun ward sein Bart, von
selt' - ner Art, mir herr - li - cher, köst - li - cher
Waidmanns - ge - winn. Ha - la - li! Ha - la - li!

40. Sau tot

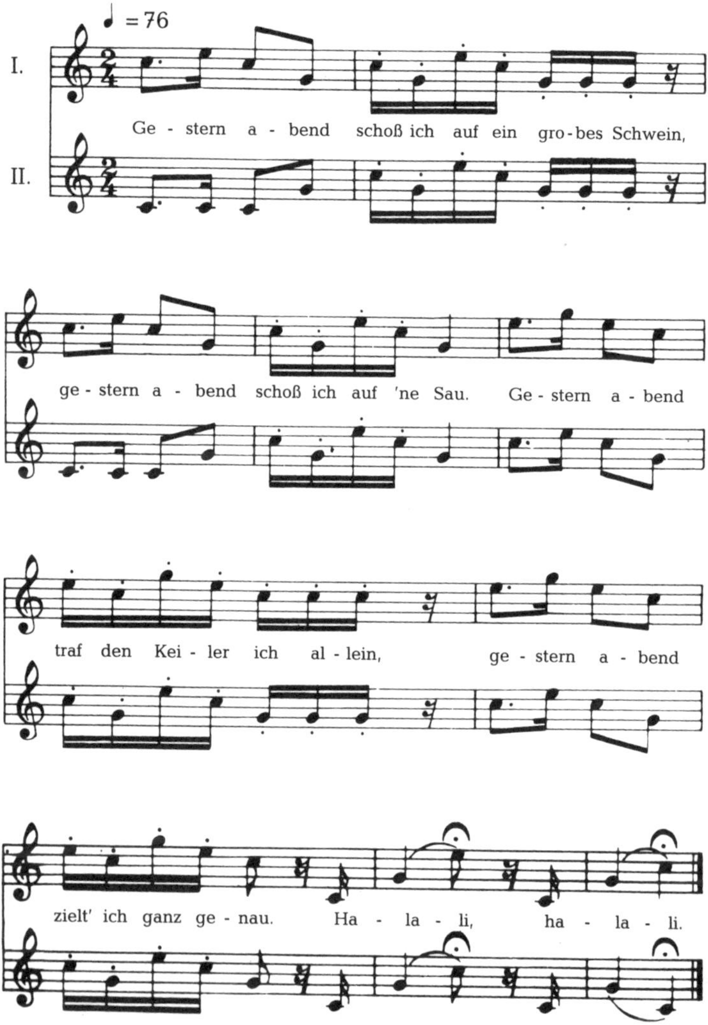
♩ = 76
I.
II.
Ge - stern a - bend schoß ich auf ein gro - bes Schwein,
ge - stern a - bend schoß ich auf 'ne Sau. Ge - stern a - bend
traf den Kei - ler ich al - lein, ge - stern a - bend
zielt' ich ganz ge - nau. Ha - la - li, ha - la - li.

Niederwildsignale

41. Reh tot

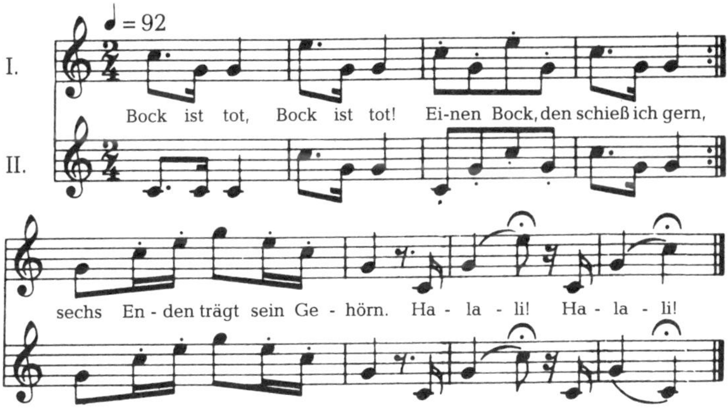

42. Fuchs tot

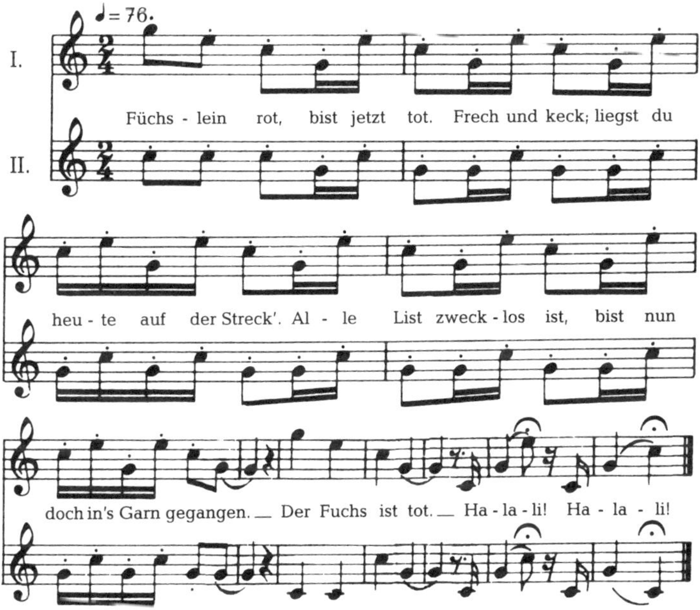

43. Hase tot

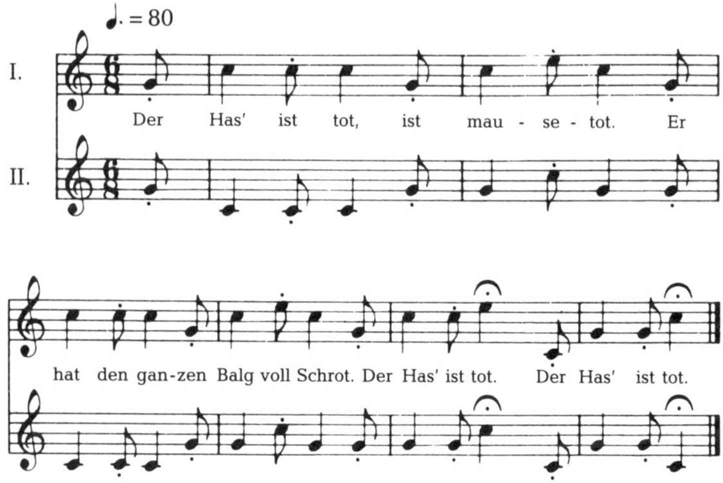

44. Kaninchen tot

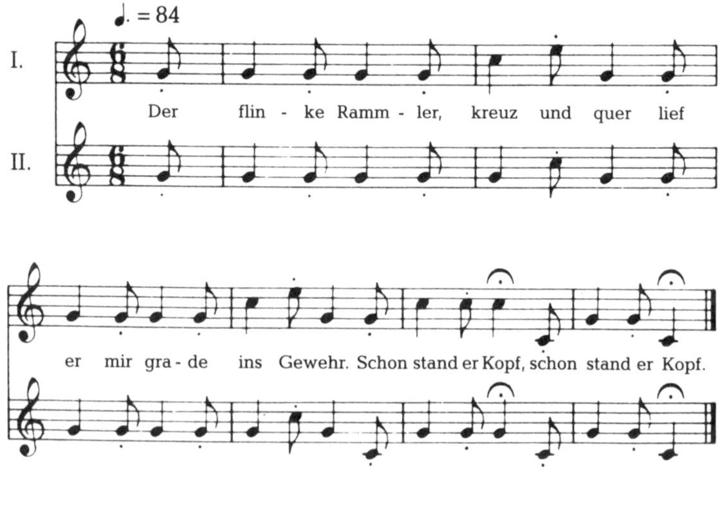

45. Flugwild tot

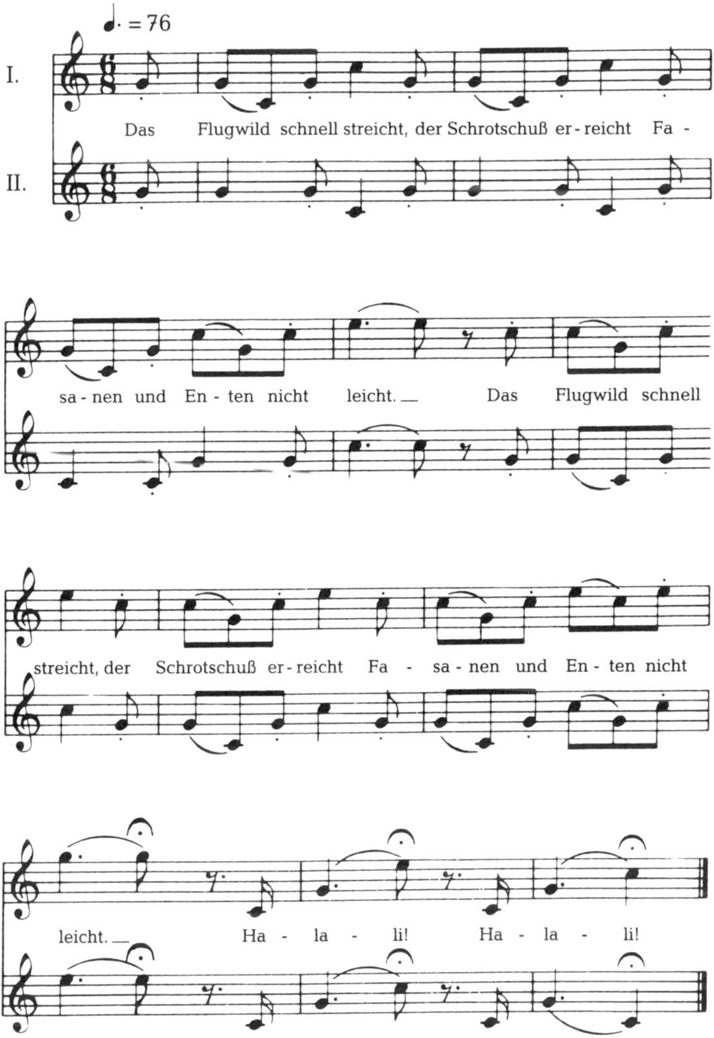

Das große Halali für Ventilhörner in B*

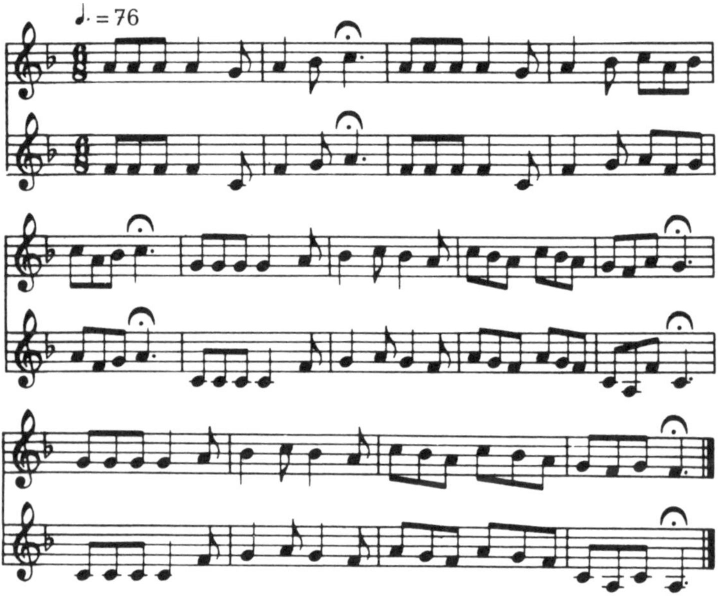

Hoch soll er leben

I.
II.

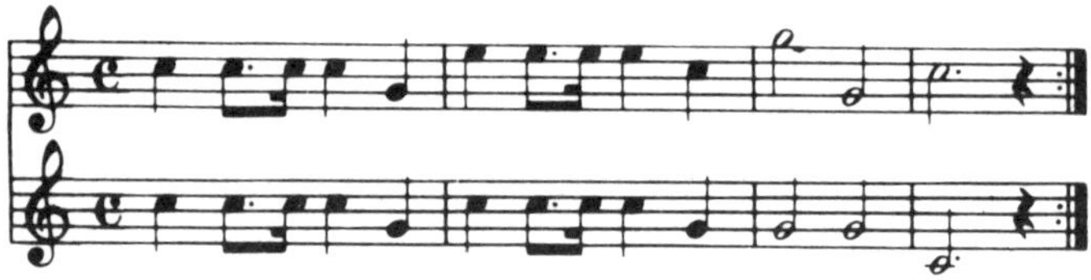

Auf Wiedersehn

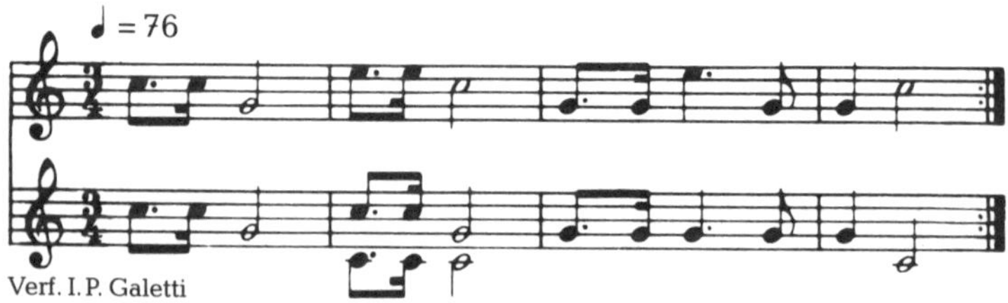

Verf. I. P. Galetti

* Signal kann auch zusammen mit Parforcehörnern in Es geblasen werden (Parforcehornstimme in C notiert.)

Brackenjagdsignale

1. Aufbruch zur Jagd

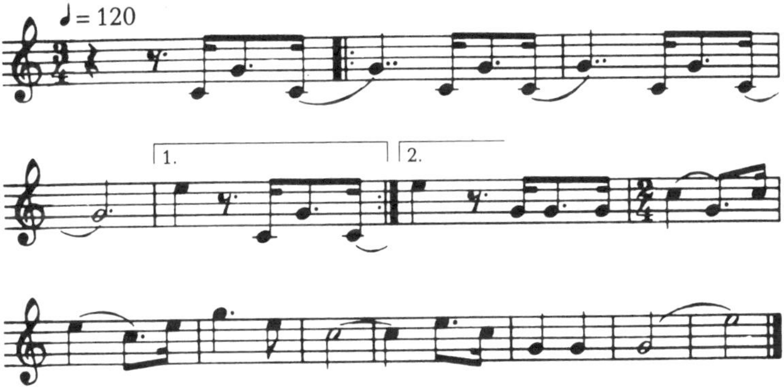

2. Es ist angestellt

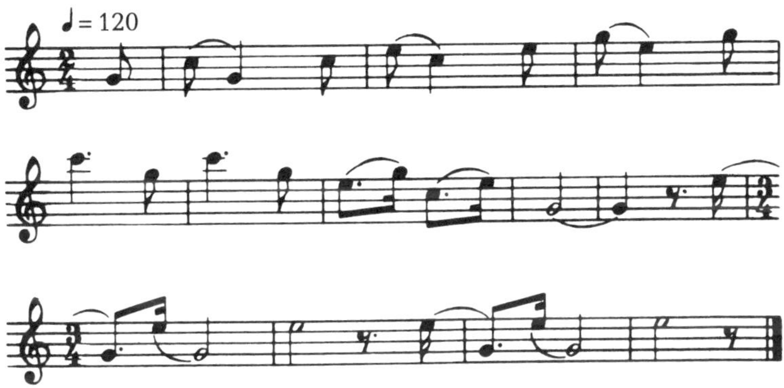

3. Hunde los

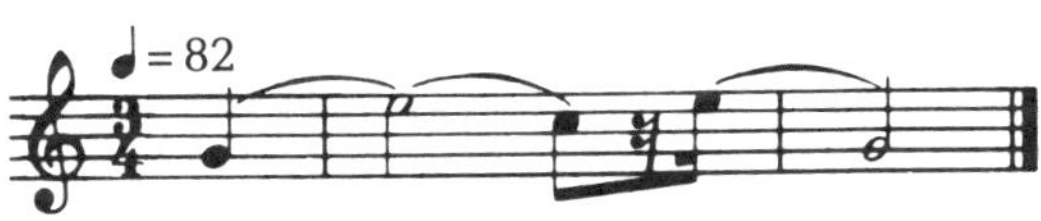

4. Wild tot

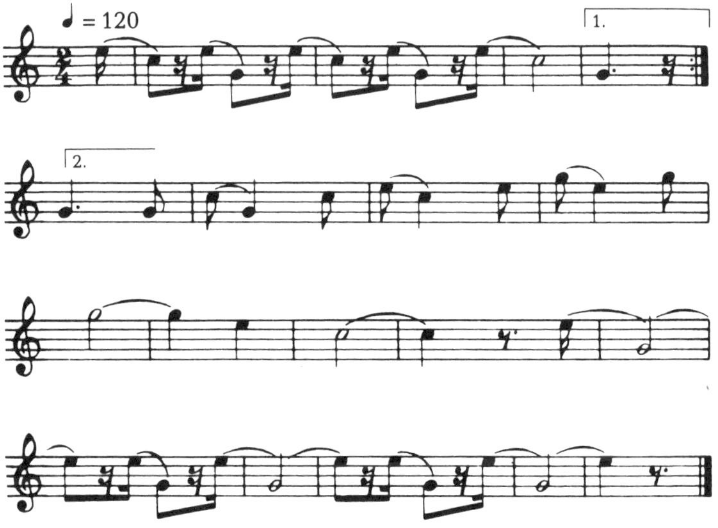

5. Sammeln

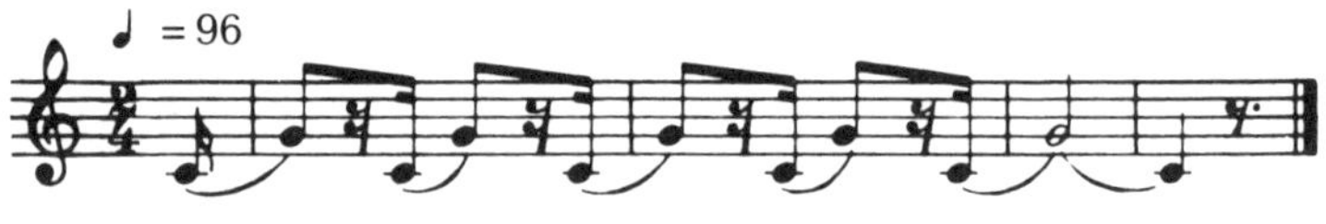

6. Hunde aufkoppeln

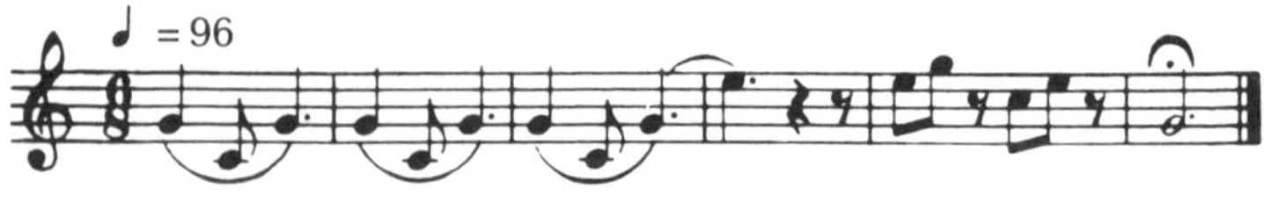

Impressum

Umschlaggestaltung von Populärgrafik, Stuttgart, unter Verwendung einer Fotografie von Burkhard Stöcker

Mit einer Auswahl der gebräuchlichsten Jagdsignale einschließlich der Signale für die Brackenjagd in der durch den DJV revidierten offiziellen Fassung und mit den Merkversen von Walter Frevert

Unser gesamtes Programm finden Sie unter **kosmos.de**
Über Neuigkeiten informieren Sie regelmäßig unsere Newsletter, einfach anmelden unter **kosmos.de/newsletter**

MIX
Papier | Fördert gute Waldnutzung
FSC® C014138

Gedruckt auf chlorfrei gebleichtem Papier

Pfizerstraße 5–7, 70184 Stuttgart
info@kosmos.de

ISBN 978-3-440-13036-0
Redaktion: Ekkehard Ophoven
Produktion: Die Herstellung, Korntal
Druck und Bindung: Finidr, s. r. o., Český Těšín
Printed in The Czech Republic / Imprimé en République Tchèque